AF556447

1000
इतिहास प्रश्नोत्तरी

ज्ञान का विश्वकोश : प्रश्नोत्तरी श्रृंखला

- 1000 स्वामी विवेकानंद प्रश्नोत्तरी
- 1000 गांधी प्रश्नोत्तरी
- 1000 कलाम प्रश्नोत्तरी
- 1000 जीव-जंतु प्रश्नोत्तरी
- 1000 भूगोल प्रश्नोत्तरी
- 1000 इतिहास प्रश्नोत्तरी
- 1000 स्वाधीनता संग्राम प्रश्नोत्तरी
- 1000 हिंदी साहित्य प्रश्नोत्तरी
- 1000 खेलकूद प्रश्नोत्तरी
- 1000 गणित प्रश्नोत्तरी
- 1000 भौतिक विज्ञान प्रश्नोत्तरी
- 1000 रसायन विज्ञान प्रश्नोत्तरी
- 1000 पर्यावरण प्रश्नोत्तरी
- 1000 खगोल विज्ञान प्रश्नोत्तरी
- 1000 विज्ञान प्रश्नोत्तरी
- 1000 रामायण प्रश्नोत्तरी
- 1000 महाभारत प्रश्नोत्तरी
- 1000 हिंदू धर्म प्रश्नोत्तरी
- 1000 महापुरुष प्रश्नोत्तरी
- 1000 भारतीय संस्कृति प्रश्नोत्तरी
- 1000 फिल्म प्रश्नोत्तरी
- 1000 राजनीति प्रश्नोत्तरी
- 1000 संविधान प्रश्नोत्तरी
- 1000 संगीत प्रश्नोत्तरी
- 1000 समाजशास्त्र प्रश्नोत्तरी
- 1000 भारत ज्ञान प्रश्नोत्तरी
- 1000 हिंदी वस्तुनिष्ठ प्रश्नोत्तरी
- 1000 कंप्यूटर-इंटरनेट प्रश्नोत्तरी
- 1000 वास्तुशास्त्र प्रश्नोत्तरी
- 1000 सामान्य ज्ञान प्रश्नोत्तरी
- 1000 अर्थशास्त्र प्रश्नोत्तरी
- 1000 पत्रकारिता एवं जनसंचार प्रश्नोत्तरी
- 1000 दिल्ली प्रश्नोत्तरी
- 1000 उत्तराखंड प्रश्नोत्तरी
- 1000 मध्य प्रदेश प्रश्नोत्तरी
- 1000 बिहार प्रश्नोत्तरी
- 1000 झारखंड प्रश्नोत्तरी
- 1000 उत्तर प्रदेश प्रश्नोत्तरी
- सचिन तेंदुलकर प्रश्नोत्तरी
- अंतरिक्ष प्रश्नोत्तरी
- डायबिटीज प्रश्नोत्तरी
- स्वास्थ्य प्रश्नोत्तरी

1000 इतिहास प्रश्नोत्तरी

सचिन सिंहल

सत्साहित्य प्रकाशन, दिल्ली

प्रकाशक : **सत्साहित्य प्रकाशन**
694 (पहली मंजिल) चावड़ी बाजार, दिल्ली–110006
 / संस्करण : 2026 / मूल्य : पाँच सौ रुपए
मुद्रक : नरुला प्रिंटर्स, दिल्ली ISBN 978-81-7721-275-4

1000 ITIHAS PRASHNOTTARI (1000 History Quiz)
by Shri Sachin Singhal ₹ 500.00
Published by **SATSAHITYA PRAKASHAN**
694 (First Floor), Chawri Bazar, Delhi-110006

अनुक्रम

प्राचीन भारत

1

सिंधु घाटी की सभ्यता के स्रोत

1. हड़प्पा सभ्यता की खोज गुजरात में किस स्थान पर की गई थी?
   (अ) नागोदर (ब) सुल्तानगढ़
   (स) धौलवीर (द) कल्याणपुर
2. सिंधु घाटी सभ्यता को किस आधार पर पूर्व आर्यकालीन सभ्यता के रूप में माना जाता है?
   (अ) कला (ब) व्यवसाय
   (स) सामाजिक व्यवस्था (द) लिपि
3. मेसोपोटामिया की सभ्यता के संबंध में मिले प्रमाणों में 'मेलुहा' का वर्णन मिलता है। निम्नलिखित में से यह किसका प्राचीन नाम है?
   (अ) हड़प्पा का व्यापारी वर्ग (ब) मोहनजोदड़ो
   (स) सिंधु क्षेत्र (द) ईरान
4. सिंधु घाटी की सभ्यता के पतन का क्या कारण था?
   (अ) प्राकृतिक आपदा (ब) आर्यों का आक्रमण
   (स) पर्यावरण (द) अनेक प्रकार की विपत्तियाँ
5. हड़प्पा सभ्यता में संभवत: कौन सा उद्योग-धंधा नहीं होता था?
   (अ) सिक्कों की ढलाई (ब) रँगाई
   (स) नाव बनाना (द) मिट्टी के बरतन बनाना
6. हड़प्पा सभ्यता के किस स्थान पर जुताई एवं खेती-बाड़ी के प्रमाण मिले हैं?
   (अ) रंगपुर (ब) कालीबंगा
   (स) आलमगीर (द) हड़प्पा

उत्तर के लिए कृपया पृष्ठ सं. 152 देखें।

7. किस व्यवस्था के आधार पर सिंधु घाटी सभ्यता को मेसोपोटामिया की सभ्यता के समकालीन कहा जा सकता है ?

(अ) नगरीय व्यवस्था	(ब) रहन-सहन
(स) धार्मिक मान्यता	(द) इनमें से कोई नहीं

8. सिंधु घाटी से प्राप्त मुहरें किस धातु की बनी हैं ?

(अ) काँस्य	(ब) चाँदी
(स) सेलखड़ी तथा अन्य धातुएँ	(द) सेलखड़ी

9. सिंधु घाटी सभ्यता में घरों में किस धातु या वस्तु के बरतन प्रयोग में लाए जाते थे ?

(अ) कांस्य	(ब) पत्थर
(स) पक्की मिट्टी	(द) ताँबा

10. सिंधु घाटी सभ्यता के निम्नलिखित में से किस स्थान पर मापने का पैमाना, चावल के छिलके और मनके के कारखाने के अवशेष मिले हैं ?

(अ) आलमगीर पुर	(ब) रंगपुर
(स) कालीबंगा	(द) लोथल

11. सिंधु घाटी के लोग माप-तौल के लिए अधिकांशत: कौन सी संख्या या उसके गुणज (Multiple) का प्रयोग करते थे ?

(अ) 16	(ब) 10
(स) 12	(द) 8

12. सिंधु घाटी में संभवत: समाज का कौन सा वर्ग शासन चलाता था ?

(अ) पुरोहित	(ब) राजा
(स) व्यापारी	(द) जनता के प्रतिनिधि

13. सिंधु घाटी की सभ्यता के लोग किस देवता की पूजा करते थे ?

(अ) पशुपति	(ब) वरुण
(स) ब्रह्मा	(द) विष्णु

14. सिंधु घाटी की सभ्यता के लोगों का मुख्य भोजन क्या था ?

(अ) चावल	(ब) गेहूँ
(स) मक्का	(द) जौ

15. निम्नलिखित में से कौन सा शहर सिंधु घाटी की सभ्यता का पत्तन नगर था ?

उत्तर के लिए कृपया पृष्ठ सं. 152 देखें।

(अ) रोपड़ (ब) हड़प्पा
(स) लोथल (द) बनवाली

16. सिंधु घाटी की सभ्यता के लोगों का प्रिय खेल क्या था?
(अ) चौगान (ब) घुड़दौड़
(स) जुआ (द) इनमें से कोई नहीं

17. सिंधु घाटी सभ्यता से संबंधित कौन से स्थान भारत में नहीं हैं?
(अ) रोपड़ और रोज़्दी (ब) हड़प्पा और मोहनजो-दड़ो
(स) लोथल और कालीबंगा (द) आलमगीर और रंगपुर

18. सिंधु घाटी के लोग किसकी सर्वोच्च सत्ता को स्वीकार करते थे?
(अ) प्रकृति (ब) गरुड़
(स) गाय (द) वृक्ष

19. हड़प्पा सभ्यता की खोज कब की गई थी?
(अ) सन् 1913 (ब) सन् 1920
(स) सन् 1921 (द) सन् 1922

20. सिंधु घाटी सभ्यता के किस स्थान पर काँसे की गाड़ी का नमूना पाया गया है, जिससे यह अनुमान लगाया जाता है कि देशी व्यापार के लिए बैलगाड़ी का प्रयोग किया जाता था?
(अ) लोथल (ब) रंगपुर
(स) हड़प्पा (द) बनवाली

21. सिंधु घाटी की सभ्यता का क्या काल निश्चित किया गया है?
(अ) 1500 ई.पू. (ब) 2500 ई.पू.
(स) 3500 ई.पू. (द) 4500 ई.पू.

22. भारत के किस राज्य में हड़प्पा सभ्यता के नगर और बस्तियाँ पाई गई थीं?
(अ) राजस्थान (ब) गुजरात
(स) पंजाब (द) हरियाणा

23. सिंधु घाटी सभ्यता की खुदाई के साथ किसका नाम जुड़ा है?
(अ) सर मार्टिमर व्हीलर (ब) सर विलियम जॉन्स
(स) सर विंसेंट स्मिथ (द) सर एलेक्जेंडर कनिंघम

उत्तर के लिए कृपया पृष्ठ सं. 152 देखें।

24. सिंधु घाटी की सभ्यता आर्येतर सभ्यता क्यों मानी जाती है?
(अ) इस सभ्यता की अर्थव्यवस्था कृषि पर आधारित थी
(ब) यह नगरीय सभ्यता थी
(स) इसकी लिपि चित्रात्मक थी
(द) यह ग्रामीण सभ्यता थी

25. हड़प्पा का कौन सा स्थान धान की खेती से संबंधित है?
(अ) लोथल (ब) कोट दिजि
(स) कालीबंगा (द) रोपड़

26. सबसे बड़ा स्नानागार कहाँ पाया गया था?
(अ) हड़प्पा (ब) राज़्दी
(स) बनवाली (द) मोहनजो-दड़ो

27. सिंधु घाटी की सभ्यता के लोगों को किस धातु का ज्ञान नहीं था?
(अ) लोहा (ब) काँसा
(स) ताँबा (द) इनमें से कोई नहीं

28. सिंधु घाटी की सभ्यता के लोगों द्वारा प्रयुक्त लिपि कैसी थी?
(अ) अभी तक नहीं समझी गई (ब) समझ ली गई है
(स) वर्णमाला पर आधारित थी (द) बहुत जटिल थी

29. निम्नलिखित में से किस स्थान के उत्खनन में एक मुहर मिली है, जिस पर पीपल के वृक्ष के मध्य देवता का चित्रण किया गया है; जिससे यह अनुमान किया जाता है कि सिंधु घाटी सभ्यता के लोग वृक्षों और विशेषकर पीपल की पूजा करते थे?
(अ) मोहनजो-दड़ो (ब) हड़प्पा
(स) लोथल (द) चन्हू-दड़ो

30. मोहनजो-दड़ो अन्य किस नाम से जाना जाता है?
(अ) जिंदा लोगों का टीला (ब) मुरदों का टीला
(स) गुलामों का टीला (द) कंकालों का टीला

31. निम्नलिखित में से किस स्थान से प्राप्त मानव कंकालों के ढेर और कुएँ की सीढ़ियों पर पड़े स्त्री के बालों से यह अनुमान किया जाता है कि किसी विदेशी आक्रमण से सिंधु घाटी की सभ्यता का पतन हुआ?

उत्तर के लिए कृपया पृष्ठ सं. 152 देखें।

(अ) लोथल (ब) सूरकोटदा
(स) मोहनजो-दड़ो (द) हड़प्पा

32. लोथल और कालीबंगा का संबंध किस सभ्यता से है?
(अ) हड़प्पा की सभ्यता (ब) चीनी सभ्यता
(स) सुमेरिया की सभ्यता (द) यूनानी सभ्यता

33. सिंधु घाटी की सभ्यता के लोग किस प्रकार के कपड़े पहनते थे?
(अ) सूती और ऊनी (ब) रेशमी
(स) जानवर की खाल (चमड़ा) (द) सूती

34. सिंधु घाटी सभ्यता के लोगों के किस देश के साथ व्यापारिक संबंध नहीं थे?
(अ) मेसोपोटामिया (ब) ईरान
(स) अफगानिस्तान (द) रोम

35. सिंधु घाटी की सभ्यता में किस नक्शे के आधार पर नगरों की रचना की गई थी?
(अ) त्रिकोणाकार (ब) रेखीय
(स) ग्रिड पैटर्न के अनुसार (द) गोलाकार

36. सिंधु घाटी की सभ्यता की सबसे महत्त्वपूर्ण और चौंकानेवाली विशेषता क्या थी?
(अ) धार्मिक जीवन (ब) सामाजिक जीवन
(स) नगरीय व्यवस्था (द) अर्थव्यवस्था

37. हड़प्पा सभ्यता के समय प्रयुक्त बरतनों पर कौन से रंग का इस्तेमाल किया जाता था?
(अ) लाल (ब) पीला
(स) बैंगनी (द) हलका पीला

38. सिंधु घाटी सभ्यता का चरमोत्कर्ष काल कौन सा माना जाता है?
(अ) 2500 ई.पू.-1800 ई.पू. (ब) 2200 ई.पू.-2000 ई.पू.
(स) 2000 ई.पू.-1800 ई.पू. (द) इनमें से कोई नहीं

39. 'स्वास्तिक' चिह्न का प्रयोग प्रारंभ में किसने शुरू किया?
(अ) आर्य (ब) संगम काल के लोग
(स) सिंधु घाटी सभ्यता के लोग (द) इनमें से कोई नहीं

उत्तर के लिए कृपया पृष्ठ सं. 152 देखें।

40. सिंधु घाटी सभ्यता का स्थान चन्हू-दड़ो वर्तमान में कहाँ स्थित है ?
(अ) पंजाब (पाकिस्तान) (ब) सिंधु (पाकिस्तान)
(स) मेरठ (उत्तर प्रदेश) (द) लोथल (गुजरात)

41. सिंधु घाटी सभ्यता के किस स्थान पर नृत्यांगना की कांस्य मूर्ति पाई गई ?
(अ) रोपड़ (ब) मोहनजो-दड़ो
(स) लोथल (द) कालीबंगा

42. हड़प्पा सभ्यता का कौन सा स्थान वर्तमान ईरान की सीमा के पास स्थित है ?
(अ) रोज़्दी (ब) सुरकोटदा
(स) आलमगीर (द) सुतकाजिंदा

43. हड़प्पा काल में गुजरात का कौन सा शहर सागर-तट से दूर स्थित था ?
(अ) लोथल (ब) रोज़्दी
(स) बनवाली (द) कालीबंगा

44. हड़प्पा काल में निम्नलिखित में से कौन सा स्थान समुद्रवर्ती गतिविधियों से नहीं जुड़ा था ?
(अ) सुक्ता कोब (ब) लोथल
(स) देसलपुर (द) बालाकोट

45. निम्नलिखित में से कौन सा स्थान हड़प्पा सभ्यता के लोगों का व्यापारिक केंद्र था ?
(अ) लोथल (ब) हड़प्पा
(स) सुरकोटदा (द) कालीबंगा

□

उत्तर के लिए कृपया पृष्ठ सं. 152 देखें।

2

वैदिक सभ्यता एवं महाकाव्य काल

46. 'ऋग्वेद' से लेकर 'उपनिषद्' तक की समस्त रचनाएँ किस साहित्य के अंतर्गत आती हैं ?
    (अ) वैदिक (ब) संहिता
    (स) श्रुति (द) स्मृति

47. भारतीय संगीत का उद्‌भव निम्नलिखित में से किस वेद से हुआ माना जाता है ?
    (अ) ऋग्वेद (ब) सामवेद
    (स) यजुर्वेद (द) अथर्ववेद

48. 'ऋग्वेद' के स्तोत्रों का पाठ करनेवाले पुरोहित क्या कहलाते थे ?
    (अ) होता (ब) ब्रह्मा
    (स) अध्वर्यु (द) उद्‌गाता

49. वैदिक काल में व्यावसायिक लेन-देन का माध्यम क्या था ?
    (अ) सिक्के (ब) आभूषण
    (स) घोड़े (द) गायें

50. पुनर्जन्म के सिद्धांत का उल्लेख पहले किस पौराणिक ग्रंथ में मिलता है ?
    (अ) शतपथ ब्राह्मण (ब) अष्टाध्यायी
    (स) ऋग्वैदिक संहिता (द) ऐतरेय ब्राह्मण

51. 'सूक्त' क्या हैं ?
    (अ) किसी उपनिषद् का नाम (ब) वेद मंत्रों का संग्रह
    (स) ब्राह्मण का नाम (द) वैदिक कालीन राजा का नाम

उत्तर के लिए कृपया पृष्ठ सं. 152-153 देखें।

52. वैदिक काल में धनी व्यक्ति को क्या कहा जाता था ?

(अ) गोमत (ब) गोपति

(स) गौ (द) गविष्टि

53. निम्नलिखित में से किस वेद को आर्येतर कृति माना जाता है ?

(अ) अथर्ववेद (ब) ऋग्वेद

(स) सामवेद (द) यजुर्वेद

54. 'ऋग्वेद' में वर्णित 'गविष्टि' शब्द का क्या अर्थ है ?

(अ) समृद्धि (ब) परिवार

(स) युद्ध (गौ की खोज) (द) शांति

55. वैदिक काल में निम्नलिखित में से कौन सा यज्ञ महत्त्वपूर्ण माना जाता था ?

(अ) राजसूय (ब) वाजपेय

(स) अश्वमेध (द) उपर्युक्त सभी

56. 'सामवेद' निम्नलिखित में से किस विषय का महत्त्वपूर्ण स्रोत है ?

(अ) संगीत (ब) नृत्य

(स) मूर्तिशिल्प (द) चित्रकला

57. 'ऋग्वेद' में 'जन' शब्द 275 बार प्रयुक्त हुआ है। इस वेद में 'जनपद' शब्द कितनी बार प्रयुक्त हुआ है ?

(अ) 275 बार (ब) केवल 2 बार

(स) 250 बार (द) 1 बार भी नहीं

58. वैदिक काल में मुखिया या राजकुमार की आय का मुख्य स्रोत क्या होता था ?

(अ) ऐच्छिक कर/शुल्क

(ब) लगान

(स) युद्ध में लूटपाट से प्राप्त माल

(द) चरागाह पर कर

59. 'घोषा' कौन थी ?

(अ) वैदिक काल की एक देवी

(ब) वैदिक काल की एक विदुषी

(स) वैदिक काल की एक ब्रह्मवादिनी नारी

(द) इनमें से कोई नहीं

उत्तर के लिए कृपया पृष्ठ सं. 153 देखें।

60. कुरुक्षेत्र के निकट के क्षेत्रों पर कब्जा कर आर्यों ने उस क्षेत्र का क्या नाम रखा था ?

(अ) ब्रह्मर्षि देश (ब) आर्यावर्त

(स) ब्रह्मावर्त (द) हस्तिनापुर

61. 'ऋग्वेद' में लगभग पच्चीस नदियों का वर्णन मिलता है। उनमें से सर्वाधिक महत्त्वपूर्ण नदी के रूप में किसका वर्णन कई बार आया है ?

(अ) सरस्वती (ब) सिंधु

(स) दृशद्वती (द) गंगा

62. भारत में आने से पहले आर्य जाति निम्नलिखित में से किस भारोपीय जाति से संबद्ध थी ?

(अ) हाइटाइट (ब) टोचेरियाई

(स) हिंद-ईरानी (द) लिथुएनियन

63. निम्नलिखित में किसमें वैदिक काल में विद्यमान जाति-व्यवस्था के संबंध में समाज को चार वर्गों में विभाजित दरशाया गया है ?

(अ) अथर्ववेद (ब) यजुर्वेद

(स) शतपथ ब्राह्मण (द) ऋग्वेद का पुरुष सूक्त

64. उत्तरवैदिक काल में इंद्र तथा अग्नि देवताओं का महत्त्व कम हो गया। निम्नलिखित में से कौन सा देवता सर्वोच्च स्थान पर पहुँच गया ?

(अ) प्रजापति (ब) सविता

(स) रुद्र (द) सोम

65. उपनिषदों में किस दर्शन का प्रतिपादन किया गया है ?

(अ) वेदांत अथवा उत्तर मीमांसा (ब) सांख्य

(स) योग (द) अद्वैत

66. 'ऋग्वेद' के गायत्री मंत्र में किसका आवाहन किया गया है ?

(अ) अग्नि (ब) सूर्य (सविता)

(स) इंद्र (द) वरुण

67. 'उपनिषदों' का संकलन कब किया गया ?

(अ) 800 ई.पू. (ब) 1000 ई.पू.

(स) 500 ई.पू. (द) 600 ई.पू.

उत्तर के लिए कृपया पृष्ठ सं. 153 देखें।

68. वैदिक आर्यों का पशुपालन के अतिरिक्त अन्य कौन सा एक महत्त्वपूर्ण व्यवसाय था ?

(अ) सिलाई और कढ़ाई (ब) आभूषण तैयार करना
(स) कृषि (द) इनमें से कोई नहीं

69. कर्मकांडपरक और बहुदेववादी दर्शन 'पूर्व मीमांसा दर्शन' का प्रतिपादन किसने किया था ?

(अ) पतंजलि (ब) जैमिनी
(स) कपिल (द) कणाद

70. ऋग्वैदिक काल के देवी-देवता कौन थे ?

(अ) पूर्वजों की आत्माएँ (ब) आध्यात्मिक संकल्पनाएँ
(स) पशु और पेड़ (द) मानवीकृत प्राकृतिक शक्तियाँ

71. वैदिक मंत्रों का संग्रह किस नाम से जाना जाता है ?

(अ) संहिता (ब) ब्राह्मण
(स) वेदांत (द) उपनिषद्

72. वैदिक काल के किस देवता को 'पुरंदर' के नाम से जाना जाता था ?

(अ) सोम (ब) अग्नि
(स) इंद्र (द) वरुण

73. वैदिक काल में संकलित छह वेदांगों में से किसमें आर्यों के गृहस्थ जीवन से संबंधित जानकारी मिलती है ?

(अ) कल्पसूत्र (ब) निरुक्त
(स) शिक्षा (द) ज्योतिष

74. ऋग्वैदिक काल का कौन सा देवता देव और मनुष्यों के बीच का 'सेतु' माना जाता है ?

(अ) सूर्य (ब) वरुण
(स) अग्नि (द) उषा

75. उत्तर वैदिक काल में प्रयुक्त 'गोत्र' शब्द का मूल अर्थ क्या है ?

(अ) कबीले का सदस्य (ब) गौशाला
(स) किसी पूर्वज के वंशज (द) संबंध

76. सिंधु घाटी की सभ्यता और वैदिक सभ्यता में मुख्य रूप से क्या अंतर था ?

उत्तर के लिए कृपया पृष्ठ सं. 153 देखें।

(अ) सिंधु घाटी सभ्यता भौतिक दृष्टि से विकसित थी, जबकि वैदिक आर्य चिंतन के क्षेत्र में अग्रसर थे।

(ब) सिंधु घाटी सभ्यता की स्त्रियाँ विभिन्न प्रकार के आभूषण पहनती थीं, जबकि वैदिक सभ्यता की स्त्रियाँ आभूषण नहीं पहनती थीं।

(स) सिंधु घाटी की सभ्यता शहरी थी, जबकि वैदिक सभ्यता ग्रामीण थी।

(द) उपर्युक्त अ और स दोनों।

77. 'ऋग्वेद' में 'दस्यु' अथवा 'दास' शब्द किसके लिए प्रयुक्त किया गया है?

(अ) आर्येतर जाति (ब) नौकर

(स) लुटेरे (द) यायावर

78. ऋग्वैदिक समाज निम्न में से किससे परिचित नहीं था?

(अ) घोड़ा (ब) गाय

(स) सोना (द) लोहा

79. 'ऋग्वेद' में कुल कितने स्तोत्र हैं?

(अ) 512 (ब) 1000

(स) 1028 (द) इनमें से कोई नहीं

80. 'ऋग्वेद' में सबसे ज्यादा मंत्र किस देवता की अर्चना में रचे गए हैं?

(अ) रुद्र (ब) वरुण

(स) अग्नि (द) इंद्र

81. वैदिक काल में विदुषी कन्याओं को किस उपाधि से सम्मानित किया जाता था?

(अ) राज्ञी (ब) ऋषि

(स) ब्राह्मी (द) देवी

82. वैदिक काल में जनजातीय गणराज्यों को क्या कहा जाता था?

(अ) गण (ब) राष्ट्र

(स) विस् (द) इनमें से कोई नहीं

83. 'सूत्र' किसे कहा जाता था?

(अ) काव्य (ब) अर्थ संबंधी संदर्शिका (गाइड)

(स) चिकित्सा पर लिखे गए ग्रंथ (द) शिक्षण नियमावली

84. निम्नलिखित में से कौन सी विशेषता वैदिक काल की नहीं है?

उत्तर के लिए कृपया पृष्ठ सं. 153 देखें।

(अ) स्त्रियों में पर्दा-प्रथा प्रचलित थी।
(ब) स्त्रियाँ सभा-समितियों में भाग ले सकती थीं।
(स) वनस्पतियों के देवता सोम ब्राह्मणों के पुरोधा देवता माने जाते थे।
(द) नियोग प्रथा तथा विधवा विवाह का प्रचलन था।

85. निम्नलिखित में से कौन सा ग्रंथ वैदिक साहित्य में शामिल नहीं है?
(अ) आरण्यक (ब) संहिता
(स) उपनिषद् (द) त्रिपिटक

86. आदिकवि वाल्मीकि द्वारा 'रामायण' में कितने श्लोकों का संग्रह है?
(अ) 1 लाख (ब) 51 हजार
(स) 24 हजार (द) 26 हजार

87. महर्षि वेदव्यास द्वारा रचित 'महाभारत' में कितने श्लोकों का संग्रह है?
(अ) 24 हजार (ब) 31 हजार
(स) 51 हजार (द) 1 लाख

88. महाभारत का रचनाकाल निम्नलिखित में से कौन सा माना जाता है?
(अ) 200 ई. (ब) 300 ई.
(स) 400 ई. (द) इनमें से कोई नहीं

89. रामायण के रचनाकाल के संबंध में क्या अनुमान किया जाता है?
(अ) 300 ई.पू.-200 ई.पू. (ब) 400 ई.पू.-300 ई.पू.
(स) 200 ई.पू.-100 ई.पू. (द) अनुमान नहीं है

90. रामायण एवं महाभारत महाकाव्य किस काल के समाज पर प्रकाश डालते हैं?
(अ) वैदिक काल (ब) पूर्व वैदिक काल
(स) उत्तर वैदिक काल (द) इनमें से कोई नहीं

91. महाकाव्य काल में किसानों से उपज का कितना भाग कर के रूप में लिया जाता था?
(अ) 1/4 (ब) 1/6
(स) 1/8 (द) 1/10

92. ऋग्वैदिक आर्य कहाँ रहते थे?
(अ) छोटे कस्बों में (ब) कस्बों और गाँवों में
(स) गाँवों में (द) शहरों में

उत्तर के लिए कृपया पृष्ठ सं. 153 देखें।

93. वैदिक सभ्यता में समाज का स्वरूप कैसा था ?

(अ) वृद्धों का शासन (ब) पितृसत्तात्मक

(स) मातृसत्तात्मक (द) इनमें से कोई नहीं

94. निम्नलिखित में से कौन सा राज्य प्राचीन भारत का गणराज्य नहीं था ?

(अ) गंधार (ब) वज्जी

(स) शाक्य (द) मल्ल

95. निम्नलिखित में से कौन सी विशेषता महाकाव्य काल की है ?

(अ) सतीप्रथा एवं बहुपत्नी प्रथा का प्रचलन था।

(ब) जीविका का मुख्य साधन कृषि था।

(स) स्त्री और पुरुष दोनों आभूषण के शौकीन थे।

(द) उपर्युक्त सभी

96. पुराणों की संख्या 18 है; इनका संकलनकर्ता किसे माना जाता है ?

(अ) ऋषि कणाद (ब) ऋषि गौतम

(स) महर्षि वेदव्यास (द) महर्षि पतंजलि

□

उत्तर के लिए कृपया पृष्ठ सं. 153 देखें।

3

सीमावर्ती राज्यों का इतिहास तथा राजपूत राजवंश

97. कश्मीर के किस शासक ने यशोवर्मन के साथ संधि करके तिब्बतियों को पराजित किया?

(अ) दुर्लभवर्द्धन | (ब) तारापीड
(स) ललितादित्य मुक्तापीड | (द) चंद्रापीड

98. कश्मीर में सूर्य का प्रसिद्ध मार्तंड मंदिर, जिसके सुंदर भग्नावशेष आज भी देखने को मिलते हैं, किसने बनवाया था?

(अ) दुर्लभक | (ब) चंद्रापीड
(स) अवंतिवर्मन | (द) ललितादित्य मुक्तापीड

99. परमार वंश का सर्वश्रेष्ठ शासक निम्नलिखित में से कौन था, जो अपने विद्याप्रेम तथा दानशीलता के कारण विशेष प्रसिद्ध हुआ?

(अ) राजा जयसिंह | (ब) राजा भोज
(स) राजा उदयादित्य | (द) राजा उपेंद्र

100. चंदेल वंश का प्रथम महत्त्वपूर्ण स्वतंत्र शासक कौन था, जिसने कालिंजर के दुर्ग पर विजय प्राप्त करके महोबा को अपनी राजधानी बनाकर शासन किया?

(अ) विद्याधर | (ब) कीर्तिवर्मन
(स) यशोवर्मन | (द) गंड

उत्तर के लिए कृपया पृष्ठ सं. 153 देखें।

101. दिल्ली के सम्राट् पृथ्वीराज चौहान ने गहड़वाल वंश के किस शासक की पुत्री का हरण करके उससे विवाह कर लिया था, जिसके कारण दोनों में घोर शत्रुता हो गई थी?

(अ) चंद्रदेव (ब) गोविंद चंद्र

(स) विजयचंद्र (द) जयचंद

102. सिंध पर अरबों के आक्रमण के समय वहाँ का शासक कौन था?

(अ) राय साहसी (ब) राजा दाहिर

(स) राजा दाहरसिय (द) राय सिहरस

103. अरब आक्रमणकारी मुहम्मद-बिन-कासिम और सिंध के राजा दाहिर के मध्य युद्ध कब लड़ा गया था, जिसमें राजा दाहिर वीरतापूर्वक लड़ता हुआ वीरगति को प्राप्त हुआ?

(अ) 20 जून, 712 ई. (ब) 10 मई, 711 ई.

(स) 20 मई, 725 ई. (द) इनमें से कोई नहीं

104. सिंध से आगे बढ़ने पर अरब आक्रमणकारियों को परास्त करनेवाला कश्मीर का शासक कौन था?

(अ) तारापीड (ब) ललितादित्य मुक्तापीड

(स) चंद्रापीड (द) जयापीड

105. राजपूतकालीन समाज की निम्नलिखित में से कौन सी विशेषता थी?

(अ) राजपूत कुलों में विवाह प्राय: स्वयंवर प्रथा द्वारा होते थे

(ब) समाज में प्राय: बाल विवाह का प्रचलन होने लगा था

(स) राजपूत स्त्रियों में जौहर तथा सती प्रथा प्रचलित थी

(द) उपर्युक्त सभी

106. राजपूत काल में हिंदू धर्म के साथ-साथ अन्य कौन सा धर्म उन्नति कर रहा था?

(अ) बौद्ध (ब) जैन

(स) इसलाम (द) उपर्युक्त सभी

107. राजपूत काल के किस कवि ने 'गीत गोविंद' नामक ग्रंथ की रचना की?

(अ) बिल्हण (ब) कल्हण

(स) चंदबरदाई (द) जयदेव

उत्तर के लिए कृपया पृष्ठ सं. 153 देखें।

108. दिलवाड़ा के जैन मंदिरों का निर्माण किस राजवंश के शासकों ने करवाया था ?

(अ) चौहान (ब) परमार
(स) गहड़वाल (द) चंदेल

109. 1001 ई. में पेशावर के निकट महमूद गजनवी से पराजित होकर किस शासक ने आत्महत्या कर ली थी ?

(अ) आनंद पाल (ब) पृथ्वीराज चौहान
(स) जयपाल (द) इनमें से कोई नहीं

110. 1175 ई. में मुहम्मद गोरी ने अपना पहला आक्रमण कहाँ किया ?

(अ) सिंध (ब) कश्मीर
(स) पंजाब (द) मुल्तान

111. किस युद्ध के बाद भारत में तुर्क सत्ता की स्थापना का प्रथम चरण आरंभ हो गया ?

(अ) चंदावर युद्ध (ब) तराइन का प्रथम युद्ध
(स) तराइन का दूसरा युद्ध (द) वैहिंद का युद्ध

112. चंदेल वंश का अंतिम महान् शासक कौन था, जिसे 1182 ई. में पृथ्वीराज चौहान ने पराजित करके महोबा पर अधिकार कर लिया ?

(अ) परमर्दिदेव (ब) विद्याधर
(स) विजयपाल (द) धंग

113. 1025 ई. में गुजरात के काठियावाड़ प्रदेश में स्थित सोमनाथ के मंदिर पर महमूद गजनवी के आक्रमण के समय वहाँ का शासक कौन था ?

(अ) त्रिलोचन पाल (ब) राज्यपाल
(स) भीमदेव (द) जयपाल

114. 725 ई. में अरबों को मुँहतोड़ जवाब देनेवाले गुर्जर प्रतिहार वंश के शासक का क्या नाम था ?

(अ) राज्यपाल (ब) नागभट्ट प्रथम
(स) लक्ष्मण राजा (द) यशोवर्मन

115. राजपूत काल में प्रतिहार साम्राज्य की राजधानी कहाँ थी ?

(अ) कन्नौज (ब) मालवा
(स) मान्याखेत (द) गुजरात

उत्तर के लिए कृपया पृष्ठ सं. 153-154 देखें।

116. कवि कल्हण के प्रसिद्ध ऐतिहासिक काव्य ग्रंथ 'राजतरंगिणी' में कहाँ का इतिहास वर्णित है ?

(अ) विजय नगर (ब) कश्मीर
(स) मालवा (द) गुजरात

117. प्रतिहार साम्राज्य का वास्तविक संस्थापक किसे माना जाता है ?

(अ) नागभट्ट प्रथम (ब) देवराज
(स) नागभट्ट द्वितीय (द) वत्सराज

118. 1178 ई. में मुहम्मद गोरी ने पाटन (गुजरात) पर आक्रमण किया; उस समय वहाँ का शासक कौन था, जिसने मुहम्मद गोरी को बुरी तरह परास्त करके देश से बाहर खदेड़ दिया ?

(अ) बघेल भीम द्वितीय (ब) जयचंद
(स) मूलराज (द) चामुंडराज

☐

उत्तर के लिए कृपया पृष्ठ सं. 154 देखें।

4

मौर्य, गुप्त एवं परवर्ती गुप्त साम्राज्य तथा समकालीन राजवंश

119. समुद्रगुप्त को संगीत में दक्षता प्राप्त थी। इसके प्रमाण कहाँ मिलते हैं ?
(अ) कुछ सिक्कों में
(ब) इलाहाबाद के शिलालेखों में
(स) विदेशी वर्णनों में
(द) साहित्यिक कृतियों में

120. 'महाराजाधिराज' की उपाधि धारण करनेवाला और लिच्छवि राजकुमारी कुमारी देवी से विवाह करनेवाला गुप्तकालीन शासक कौन था ?
(अ) समुद्रगुप्त
(ब) रामगुप्त
(स) चंद्रगुप्त प्रथम
(द) चंद्रगुप्त द्वितीय

121. यूनानी शासक सिकंदर के साथ युद्ध में महान् पराक्रमी राजा पोरस की पराजय का निम्नलिखित में से कौन सा एक कारण नहीं था ?
(अ) प्रकृति की प्रतिकूलता
(ब) सैनिक शक्ति की कमी
(स) अन्य भारतीय शासकों का षड्यंत्र
(द) उपर्युक्त सभी

122. गुप्तकाल में कौन सी भाषा चरमोत्कर्ष पर थी ?
(अ) संस्कृत
(ब) पालि
(स) मागधी
(द) प्राकृत

123. चंद्रगुप्त द्वितीय की दूसरी राजधानी कौन सी थी ?
(अ) साकेत
(ब) मगध
(स) उज्जैन
(द) कन्नौज

उत्तर के लिए कृपया पृष्ठ सं. 154 देखें।

124. गुप्त राजाओं ने किस धातु के सिक्के सबसे ज्यादा चलाए?
(अ) सोना (ब) चाँदी
(स) ताँबा (द) काँसा

125. किस गुप्त शासक के समय हूणों के आक्रमण शुरू हो गए थे?
(अ) वीरगुप्त (ब) स्कंदगुप्त
(स) कुमारगुप्त प्रथम (द) श्रीगुप्त

126. अजंता की गुफाओं के चित्रों में कौन सी कथाएँ चित्रित की गई हैं?
(अ) पंचतंत्र (ब) त्रिपिटक
(स) जातक (द) पुराण

127. द्वितीय बौद्ध संगीति का आयोजन कालाशोक के शासन काल में हुआ था; वह निम्नलिखित में से किस वंश का प्रमुख शासक था?
(अ) नंद (ब) मौर्य
(स) शिशुनाग (द) गुप्त

128. केंद्रीय प्रशासन की नींव सर्वप्रथम किस वंश के शासकों ने डाली?
(अ) मौर्य (ब) नंद
(स) शुंग (द) गुप्त

129. मौर्य साम्राज्य में राजस्व विभाग के प्रमुख अधिकारी को क्या कहा जाता था?
(अ) राजस्व अधिकारी (ब) अध्यक्ष
(स) कोषाध्यक्ष (द) समाहर्ता

130. मौर्य वंश के किस शासक ने सीरिया के यूनानी शासक सेल्यूकस को पराजित कर संधि के लिए मजबूर किया और बाद में उसकी पुत्री हेलन से विवाह कर लिया?
(अ) अशोक (ब) बिंदुसार
(स) चंद्रगुप्त मौर्य (द) इनमें से कोई नहीं

131. सम्राट् हर्ष ने किस देश के साथ राजनयिक संबंध स्थापित किए थे?
(अ) चीन (ब) कंबोडिया
(स) सीलोन (द) रोम

132. सम्राट् हर्ष अपने शासनकाल में किस स्थान पर प्रत्येक चार वर्ष बाद नियमित रूप से धर्म-समागम आयोजित किया करता था?

उत्तर के लिए कृपया पृष्ठ सं. 154 देखें।

(अ) बनारस (ब) कन्नौज
(स) प्रयाग (द) गया

133. हर्ष के शासनकाल में कौन सा चीनी यात्री भारत-भ्रमण पर आया था?
(अ) इत्सिंग (ब) फाह्यान
(स) ह्वेनसांग (द) उपर्युक्त सभी

134. प्रथम बौद्ध संगीति का आयोजन हर्यक वंश के किस शासक के शासनकाल में हुआ था?
(अ) अजातशत्रु (ब) उदयिन
(स) नागदाशक (द) बिंबसार

135. बुद्ध के जन्म से पूर्व भारतवर्ष सोलह महाजनपदों में बँटा हुआ था, इसका उल्लेख किस ग्रंथ में मिलता है?
(अ) अर्थशास्त्र (ब) इंडिका
(स) बुद्धचरित (द) अंगुत्तरनिकाय

136. शक वंश के अंतिम शासक रुद्रसिंह तृतीय की हत्या करके उसके क्षेत्रों को अपने साम्राज्य में मिलानेवाला गुप्त वंश का शासक कौन था?
(अ) चंद्रगुप्त प्रथम (ब) चंद्रगुप्त विक्रमादित्य
(स) समुद्रगुप्त (द) स्कंदगुप्त

137. कश्मीर के कुंडलवन में चतुर्थ बौद्ध संगीति किस कुषाण शासक के शासनकाल में संपन्न हुई?
(अ) कनिष्क (ब) कदफिस द्वितीय
(स) कुजुल कदफिस (द) इनमें से कोई नहीं

138. अश्वघोष, नागार्जुन, वसुमित्र और चरक—ये विद्वान किस शासक के राजदरबार में रहते थे?
(अ) अशोक (ब) चंद्रगुप्त विक्रमादित्य
(स) कनिष्क (द) समुद्रगुप्त

139. अश्वमेध यज्ञ करनेवाला और 'विक्रमांक' की उपाधि धारण करनेवाला गुप्तवंश का शासक कौन था?
(अ) श्रीगुप्त (ब) चंद्रगुप्त प्रथम
(स) समुद्रगुप्त (द) कुमारगुप्त

उत्तर के लिए कृपया पृष्ठ सं. 154 देखें।

140. गुप्त प्रशासन में राज्य कई भुक्तियों (प्रांतों) में बँटा हुआ था। किसी भुक्ती के प्रधान को क्या कहा जाता था?

(अ) गवर्नर (ब) विषयपति

(स) उपरिक (द) गोप्ता

141. नालंदा विश्वविद्यालय का संस्थापक निम्नलिखित में से किसे माना जाता है?

(अ) कुमारगुप्त (ब) चंद्रगुप्त प्रथम

(स) हर्षवर्धन (द) प्रभाकर वर्धन

142. किसके शासनकाल में बौद्ध धर्म हीनयान और महायान दो शाखाओं में बँट गया?

(अ) अशोक (ब) कालाशोक

(स) अजातशत्रु (द) कनिष्क

143. कंबोज के शासक किसके भक्त थे?

(अ) विष्णु (ब) बुद्ध

(स) शिव (द) ब्रह्मा

144. निम्नलिखित में से किस शासक को उसके अभिलेखों में 'देवानांप्रिय' तथा 'प्रियदर्शी' कहा गया है?

(अ) अशोक (ब) कनिष्क

(स) कुमारगुप्त (द) स्कंदगुप्त

145. गुप्त साम्राज्य के पतन के बाद हरियाणा में अंबाला जिले के थानेश्वर नामक स्थान पर किस राजवंश की स्थापना हुई?

(अ) शुंग (ब) पुष्यभूति

(स) कुषाण (द) इनमें से कोई नहीं

146. प्राचीन काल में इनमें से कौन सा स्थल संस्कृत का अध्ययन-केंद्र था?

(अ) जावा (ब) सुमात्रा

(स) कंबोज (द) इनमें से कोई नहीं

147. नौवीं शताब्दी में 'ब्रह्मसूत्र की टीका' किसने लिखी?

(अ) चार्वाक (ब) शंकराचार्य

(स) बृहस्पति (द) कपिल मुनि

उत्तर के लिए कृपया पृष्ठ सं. 154 देखें।

148. इन शासकों में से कौन महान् शासक होने के साथ-साथ कवि और नाटककार भी था, जिसने 'नागानंद', 'रत्नावली' और 'प्रियदर्शिका' नामक नाटक लिखे ?

(अ) स्कंदगुप्त (ब) प्रभाकरवर्धन

(स) हर्षवर्धन (द) समुद्रगुप्त

149. मथुरा का एक बौद्ध भिक्षु, जिसके प्रभाव में आकर सम्राट् अशोक ने बौद्ध धर्म की दीक्षा ली, उसका क्या नाम था ?

(अ) सूर्यगुप्त (ब) उपगुप्त

(स) विष्णुगुप्त (द) इनमें से कोई नहीं

150. बौद्ध धर्म का प्रचार करने के लिए सम्राट् अशोक ने अपने पुत्र महेंद्र और पुत्री संघमित्रा को कहाँ भेजा ?

(अ) बर्मा (ब) सुमात्रा

(स) जावा (द) श्रीलंका

151. 'अष्टाध्यायी' मौर्यकाल का एक महत्त्वपूर्ण व्याकरण ग्रंथ है; इसके रचनाकार कौन थे ?

(अ) भर्तृहरि (ब) पाणिनि

(स) भारवि (द) बाणभट्ट

152. गुप्तकाल में भारत के पूर्वी देशों के साथ व्यापारिक संबंध थे; इन देशों को किस नाम से जाना जाता था ?

(अ) स्वर्णभूमि (ब) सुमात्रा

(स) बर्मा (द) इनमें से कोई नहीं

153. प्राचीन भारत में किस वंश के शासकों ने गणराज्यों को पूर्णतया नष्ट कर दिया ?

(अ) गुप्त (ब) मौर्य

(स) कुषाण (द) वकटाक

154. इनमें से किस महापुरुष को 'दक्षिण भारत के मनु' के रूप में जाना जाता है ?

(अ) उद्दालक (ब) वाक्पति

(स) राजशेखर (द) आपस्तंब

155. संस्कृत के महान् कवि और नाटककार कालिदास किसके दरबारी कवि थे ?

(अ) चंद्रगुप्त प्रथम (ब) चंद्रगुप्त विक्रमादित्य

(स) हर्षवर्धन (द) कनिष्क

उत्तर के लिए कृपया पृष्ठ सं. 154 देखें।

156. सम्राट् हर्ष के शासनकाल में राज्य की आय का मुख्य स्रोत भूमिकर था, जिसे 'भाग' कहा जाता था, यह कुल कृषि उपज का कितना भाग लिया जाता था?

(अ) 1/4 (ब) 1/6

(स) 1/8 (द) 1/10

157. कलिंग युद्ध में भीषण नरसंहार देखकर सम्राट् अशोक ने कभी युद्ध न करने की प्रतिज्ञा की और बाद में वह बौद्ध बन गया। अशोक के किस अभिलेख से यह जानकारी प्राप्त होती है?

(अ) आठवें (ब) दसवें

(स) बारहवें (द) तेरहवें

158. निम्नलिखित में किस शासक को 'द्वितीय अशोक' भी कहा जाता है?

(अ) हर्षवर्धन (ब) कनिष्क

(स) कुमारगुप्त (द) यशोवर्मन

159. निम्नलिखित में से किस शासक ने चीन पर आक्रमण करके एक संधि के फलस्वरूप काशगर, यारकंद और खेतान क्षेत्रों को अपने अधिकार में कर लिया?

(अ) अशोक (ब) हर्षवर्धन

(स) कनिष्क (द) समुद्रगुप्त

160. भारत के महान् गणितज्ञ आर्यभट्ट और ज्योतिषाचार्य वराहमिहिर किस काल में हुए थे?

(अ) गुप्तकाल (ब) मौर्यकाल

(स) वर्धनकाल (द) पूर्व गुप्तकाल

161. सन् 606 में जब हर्षवर्धन थानेश्वर के राजसिंहासन पर बैठा तब उसकी आयु कितनी थी?

(अ) 22 वर्ष (ब) 18 वर्ष

(स) 16 वर्ष (द) 25 वर्ष

162. हूणों ने भारत पर कब आक्रमण किया था?

(अ) 545 ई. (ब) 550 ई.

(स) 540 ई. (द) 455 ई.

उत्तर के लिए कृपया पृष्ठ सं. 154 देखें।

163. गुप्तवंश के किस शासक ने 460 ई. में हूणों को इतनी बुरी तरह पराजित किया कि अगले पचास वर्षों तक वे भारत पर आक्रमण करने का साहस न कर सके?

(अ) चंद्रगुप्त विक्रमादित्य (ब) समुद्रगुप्त

(स) स्कंदगुप्त (द) चंद्रगुप्त प्रथम

164. वाकाटक वंश का एकमात्र शासक, जिसने 'सम्राट्' की उपाधि धारण की थी, कौन था?

(अ) विंध्यशक्ति (ब) प्रवरसेन प्रथम

(स) रुद्रसेन प्रथम (द) पृथ्वीसेन प्रथम

165. चंद्रगुप्त द्वितीय के समकालीन वाकाटक वंश के किस शासक ने 'सेतुबंध' नामक प्राकृत काव्य ग्रंथ की रचना की, जिसमें राम की लंका-विजय का वर्णन है?

(अ) रुद्रसेन प्रथम (ब) पृथ्वीसेन प्रथम

(स) रुद्रसेन द्वितीय (द) प्रवरसेन द्वितीय

166. परवर्ती गुप्त वंश की स्थापना लगभग 510–525 ई. में निम्न में से किसने की?

(अ) कुमारगुप्त (ब) कृष्णगुप्त

(स) दामोदरगुप्त (द) देवगुप्त

167. बिंदुसार किस धर्म/संप्रदाय का अनुयायी था?

(अ) बौद्ध धर्म (ब) जैन धर्म

(स) आजीवक (द) लोकायत

168. मौर्य साम्राज्य के किस प्रांत में विदेशी गवर्नर का शासन था?

(अ) उज्जैन (ब) तक्षशिला

(स) तोसाली (द) सौराष्ट्र

169. 'वृषला' तथा 'कल्हण' किसे कहा जाता था?

(अ) चंद्रगुप्त मौर्य (ब) कुणाल

(स) बिंदुसार (द) अशोक

170. मगध की पहली राजधानी कौन सी थी?

(अ) पाटलिपुत्र (ब) राजगीर

(स) पटना (द) अवंति

उत्तर के लिए कृपया पृष्ठ सं. 154 देखें।

171. मौर्य साम्राज्य का अंतिम शासक कौन था?

(अ) सालिसुका (ब) कुणाल

(स) बृहद्रथ (द) संप्राति

172. मौर्य काल में महत्त्वपूर्ण पदाधिकारी कौन माना जाता था?

(अ) मंत्री (ब) युक्त

(स) तीर्थ (द) अमात्य

173. मौर्य शासन का अंत करनेवाला पुष्यमित्र शुंग किस वर्ण का माना जाता है?

(अ) शूद्र (ब) क्षत्रिय

(स) विदेशी (द) ब्राह्मण

174. परवर्ती गुप्तवंश के किस शासक ने शशांक की सहायता से कन्नौज के मौखरि राज्य पर आक्रमण करके उस पर अधिकार कर लिया?

(अ) माधवगुप्त (ब) आदित्यसेन

(स) देवगुप्त (द) महासेनगुप्त

175. वर्तमान पटना में गंगा और सोन नदियों के संगम पर एक किला बनवाकर पाटलिपुत्र नगर की आधारशिला किसने रखी थी?

(अ) उदयिन (ब) अजातशत्रु

(स) नागदाशक (द) बिंबसार

176. किस शक शासक ने काठियावाड़ की सुदर्शन झील की मरम्मत करवाई थी?

(अ) रुद्रसिंह प्रथम (ब) रुद्रदमन प्रथम

(स) नहपाणा (द) चस्ताना

177. किसके शासनकाल में चमड़े के जूते बनाने का कार्य शुरू हो गया था?

(अ) शक (ब) मौर्य

(स) बैक्ट्रिया (द) कुषाण

178. पश्चिमी दक्कन में सातवाहनों द्वारा प्रयोग किया जानेवाला बंदरगाह कहाँ पर स्थित था?

(अ) कल्याण (ब) बर्यगज

(स) कावेरीपत्तनम (द) सोपारा

179. नेपाल में देवपत्तन तथा कश्मीर के श्रीनगर की स्थापना का श्रेय किसे दिया जाता है?

उत्तर के लिए कृपया पृष्ठ सं. 154-155 देखें।

(अ) चंद्रगुप्त विक्रमादित्य (ब) अशोक
(स) कनिष्क (द) बिंबसार

180. निम्नलिखित में से किस शक शासक ने सौराष्ट्र में सिंचाई से संबंधित महत्त्वपूर्ण कार्य करवाए?
(अ) रुद्रदमन (ब) चस्ताना
(स) मेनंदर (द) नहपाण।

181. सर्वप्रथम किस राजा ने संस्कृत में विस्तृत शिलालेख बनवाए?
(अ) पार्थी राजा (ब) मौर्य सम्राट्
(स) कुषाण सम्राट् (द) शक राजा

182. आयुर्वेद का सर्वश्रेष्ठ विद्वान् धन्वंतरि किस काल में हुआ था?
(अ) मौर्यकाल (ब) गुप्तकाल
(स) कुषाणकाल (द) वर्धनकाल

183. सातवाहन वंश के शासनकाल में राजभाषा कौन सी थी?
(अ) पालि (ब) संस्कृत
(स) अर्द्धमागधी (द) प्राकृत

184. दक्कन में सबसे पहले कौन सा साम्राज्य स्थापित हुआ था?
(अ) चेर (ब) वकटाक
(स) सातवाहन (द) पल्लव

185. गांधार कला शैली में भारत के अलावा अन्य किस देश की शैली का अनूठा संगम मिलता है?
(अ) फारस (ब) रूस
(स) हेलिंस्की (द) चीन

186. उत्तरी महाराष्ट्र और विदर्भ में सातवाहनों के बाद किस वंश का शासन स्थापित हुआ?
(अ) वकटाक (ब) पल्लव
(स) चालुक्य (द) कादंब (कदम)

187. निम्नलिखित में किस शासक ने मध्य प्रदेश में विदिशा के निकट भगवान् विष्णु के नाम से स्तंभ बनवाया था?
(अ) कैडफिसिज (ब) कनिष्क
(स) हेलियोडोरस (द) गोंडोफर्नीस

उत्तर के लिए कृपया पृष्ठ सं. 155 देखें।

188. राजा के नाम पर सबसे पहले भारत के किन शासकों ने सिक्के चलाए थे ?

(अ) हिंद-यूनानी (ब) मौर्य

(स) नंद (द) कुषाण

189. भारत का सबसे प्रसिद्ध भारतीय-यूनानी शासक कौन था ?

(अ) एंटीयोकस प्रथम (ब) मेनंदर

(स) यूथीडेमस द्वितीय (द) डेमेट्रियस

190. मगध में शुंग शासक देवभूति का वध करके सिंहासन पर कौन बैठा ?

(अ) सातवाहन (ब) कण्व

(स) शक (द) कुषाण

191. किसके शासनकाल में बुद्ध की पहली मूर्ति तराशी गई ?

(अ) कनिष्क (ब) अशोक

(स) मेनंदर (द) पुष्यमित्र शुंग

192. कुषाण के समय के सिक्कों पर किसका प्रभाव पड़ा था ?

(अ) चीनी सिक्कों का (ब) रोम के सिक्कों का

(स) मात्र देशज कारकों का (द) फारसी सिक्कों का

193. दक्कन तथा मध्य भारत में मौर्य वंश के शासन के बाद कौन शासक बना ?

(अ) अगस्त्य (ब) कण्व

(स) सातवाहन (द) अदंबर

194. मौर्य वंश के बाद दक्कन तथा मध्य भारत का सर्वाधिक महत्त्वपूर्ण शासक वंश कौन सा था ?

(अ) वकटाक (ब) पल्लव

(स) चोल (द) सातवाहन

□

उत्तर के लिए कृपया पृष्ठ सं. 155 देखें।

5

जैन धर्म एवं बौद्ध धर्म का उदय

195. जैन धर्म के वास्तविक संस्थापक और चौबीसवें तीर्थंकर महावीर स्वामी थे, इसके प्रथम तीर्थंकर कौन थे?
   (अ) पार्श्वनाथ (ब) अरिष्टनेमि
   (स) ऋषभदेव (द) सिद्धार्थ
196. जैन धर्म के तेईसवें तीर्थंकर पार्श्वनाथ के चार प्रमुख उपदेश थे; महावीर स्वामी ने उसमें पाँचवाँ कौन सा जोड़ा?
   (अ) अहिंसा (ब) अपरिग्रह
   (स) सत्य (द) ब्रह्मचर्य
197. महावीर स्वामी को कैवल्य कहाँ प्राप्त हुआ?
   (अ) पावापुरी में (ब) वसुकुंड में
   (स) ऋजुपालिका नदी के किनारे (द) वैशाली में
198. जैन धर्म के सिद्धांतों में निम्नलिखित में से कौन सा आता है?
   (अ) ईश्वर के स्थान पर तीर्थंकरों में अटूट विश्वास
   (ब) आत्मा के अस्तित्व एवं अमरत्व में विश्वास
   (स) कर्म की प्रधानता
   (द) उपर्युक्त सभी
199. जैन धर्म के पंचमहाव्रत के अंतर्गत निम्नलिखित में से कौन सा नहीं आता?
   (अ) प्रेम (ब) अहिंसा
   (स) सत्य (द) अपरिग्रह

उत्तर के लिए कृपया पृष्ठ सं. 155 देखें।

200. महावीर स्वामी का देहावसान 468 ई.पू. में कहाँ हुआ था?

(अ) कुंडग्राम (ब) जुंबिक ग्राम

(स) पावापुरी (द) वैशाली

201. प्रथम जैन संगीति 322-29 ई.पू. में कहाँ हुई थी, जिसमें जैन धर्म का श्वेतांबर एवं दिगंबर दो संप्रदायों में विभाजन हुआ?

(अ) वैशाली (ब) पाटलिपुत्र

(स) वल्लभी (द) इनमें से कोई नहीं

202. जैन धर्म में मोक्ष-प्राप्ति के लिए त्रिरत्न की व्यवस्था है; इसके अंतर्गत निम्नलिखित में से क्या नहीं आता?

(अ) सम्यक् दर्शन (ब) सम्यक् चरित्र

(स) सम्यक् विचार (द) सम्यक् ज्ञान

203. द्वितीय जैन संगीति 512 ई.पू. में कहाँ हुई थी?

(अ) पाटलिपुत्र (ब) वल्लभी

(स) वैशाली (द) पावापुरी

204. बौद्ध धर्म के प्रवर्तक महात्मा बुद्ध का जन्म कब हुआ था?

(अ) 468 ई.पू. (ब) 568 ई.पू.

(स) 563 ई.पू. (द) 495 ई.पू.

205. महात्मा बुद्ध ने चार आर्य सत्य का प्रतिपादन किया; इसके अंतर्गत निम्नलिखित में से क्या नहीं आता?

(अ) जन्म-मरण (ब) दुःख

(स) दुःख समुदाय (द) दुःख-निरोध

206. बौद्ध धर्म की निम्नलिखित विशेषताओं में कौन सा सही नहीं है?

(अ) पुनर्जन्म में विश्वास

(ब) प्रत्येक घटना के पीछे कार्य-कारण

(स) ईश्वर में आस्था

(द) कर्मकांड, यज्ञ तथा पशुबलि का विरोध

207. जैन धर्म और बौद्ध धर्म में निम्नलिखित में से क्या समानता है?

(अ) दोनों धर्म वेदों की प्रामाणिकता स्वीकार नहीं करते और कर्मकांडों के विरोधी हैं

उत्तर के लिए कृपया पृष्ठ सं. 155 देखें।

(ब) दोनों ने अहिंसा पर जोर दिया

(स) दोनों धर्मों के लोग कर्मवाद के सिद्धांत को मानते हैं

(द) उपर्युक्त सभी

208. महात्मा बुद्ध ने तृष्णा और सांसारिक दु:खों से छुटकारा पाने के लिए क्या उपाय बताया?

(अ) सम्यक् दृष्टि (ब) सम्यक् साधना

(स) अष्टांग मार्ग (द) वैराग्य

209. महात्मा बुद्ध के अष्टांग मार्ग की संकल्पना निम्नलिखित में से किसका अंग है?

(अ) दीपवंश की विषय वस्तु का

(ब) महापरिनिर्वाण की विषय वस्तु का

(स) दिव्यावदान की विषय वस्तु का

(द) इनमें से कोई नहीं

210. महात्मा बुद्ध के उपदेश निम्नलिखित में से किससे संबंधित हैं?

(अ) आचरण की शुद्धता एवं पवित्रता

(ब) धार्मिक कर्मकांड

(स) ब्रह्मचर्य

(द) आत्मा संबंधी विवाद

211. भारत में बौद्ध धर्म ने किस क्षेत्र में महत्त्वपूर्ण योगदान दिया है?

(अ) संगीत (ब) कला तथा साहित्य

(स) चित्रकला (द) इनमें से कोई नहीं

212. महात्मा बुद्ध का महापरिनिर्वाण किस स्थान पर हुआ?

(अ) लुंबिनी (ब) पाटलिपुत्र

(स) कुशीनगर (द) श्रावस्ती

213. महात्मा बुद्ध ने अपना सर्वाधिक उपदेश कहाँ पर दिया?

(अ) वैशाली (ब) श्रावस्ती

(स) राजगृह (द) चंपा

214. 'स्यादवाद' किस धर्म का मूलाधार था?

उत्तर के लिए कृपया पृष्ठ सं. 155 देखें।

(अ) जैन धर्म (ब) बौद्ध धर्म
(स) ब्राह्मण धर्म (द) भागवत धर्म

215. महात्मा बुद्ध द्वारा दिए गए प्रथम उपदेश को क्या कहा जाता है ?
(अ) महाभिनिष्क्रमण (ब) प्रतीत्य समुत्पाद
(स) धर्मचक्र प्रवर्तन (द) इनमें से कोई नहीं

216. महात्मा बुद्ध का गृहत्याग किस नाम से इतिहास में प्रसिद्ध है ?
(अ) महाभिनिष्क्रमण (ब) धर्मचक्र प्रवर्तन
(स) प्रतीत्य समुत्पाद (द) बोधिप्राप्ति

217. महात्मा बुद्ध को किस नदी के किनारे बोध (ज्ञान) की प्राप्ति हुई ?
(अ) गंगा (ब) ऋजुपालिका
(स) निरंजना (द) इनमें से कोई नहीं

□

उत्तर के लिए कृपया पृष्ठ सं. 155 देखें।

मध्य कालीन भारत

6

दक्षिण एवं सुदूर दक्षिण के राज्य (पल्लव, चालुक्य, चेर, राष्ट्रकूट और चोल राजवंश)

218. चोल साम्राज्य में इनमें से कौन सा पत्तन पूर्वी तट पर स्थित नहीं था?

(अ) क्विलोन (ब) कावेरीपत्तनम

(स) महाबलीपुरम (द) कोरकई

219. निम्नलिखित में से कौन सा राजवंश दक्षिण भारत के प्रारंभिक राजवंशों में नहीं गिना जाता है?

(अ) पल्लव (ब) चोल

(स) चेर (द) पांड्य

220. चोल साम्राज्य का संस्थापक कौन था?

(अ) राजराजा (ब) विजयालय

(स) विजेंद्र (द) राजेंद्र प्रथम

221. किस राजवंश के शासक ने दूसरी सदी ई.पू. में मध्य श्रीलंका को जीता तथा वहाँ लगभग पचास वर्षों तक शासन किया?

(अ) पल्लव (ब) चेर

(स) पांड्य (द) चोल

222. इनमें से किसने नालंदा विश्वविद्यालय का पुनरुद्धार किया?

(अ) वत्सराज (ब) देवपाल

(स) कृष्ण तृतीय (द) धर्मपाल

उत्तर के लिए कृपया पृष्ठ सं. 155 देखें।

223. निम्नलिखित में से कौन सा संगम साहित्य का आदिग्रंथ माना जाता है ?
(अ) पट्टपत्तु (ब) तोल्कप्पियम
(स) शिलप्पादिकरम (द) तिरुक्कुरल

224. पल्लवों और पूर्वी चालुक्यों के विरुद्ध किसने लड़ाइयाँ लड़ीं ?
(अ) पलास (ब) राष्ट्रकूट
(स) चोल (द) सेन

225. चोल शासकों की सबसे महत्त्वपूर्ण विशेषता इनमें से क्या थी ?
(अ) सक्षम नौसेना (ब) सक्षम पैदल सेना
(स) श्रेष्ठ गुप्तचर व्यवस्था (द) इनमें से कोई नहीं

226. किस राजवंश के पतन के बाद दक्षिण भारत में चोल साम्राज्य की स्थापना हुई ?
(अ) मदुरै के पांड्य (ब) कांची के पल्लव
(स) वेंगी के चालुक्य (द) कल्याणी के चालुक्य

227. राष्ट्रकूटों की राजधानी कहाँ थी ?
(अ) मालवा (ब) वेंगी
(स) वातपी (द) मान्याखेट

228. चालुक्य वंश के किस शासक ने हर्षवर्धन को नर्मदा के तट पर पराजित कर दिया था ?
(अ) जयसिंह (ब) तैलप
(स) विष्णुवर्धन (द) पुलकेशिन द्वितीय

229. अपभ्रंश के महान् कवि स्वयंभू किस शासक के राजदरबार में थे ?
(अ) चेर (ब) पाल
(स) चोल (द) राष्ट्रकूट

230. संगमकालीन चोलों के बारे में प्रथम जानकारी कहाँ से प्राप्त होती है ?
(अ) मांडा अभिलेख से (ब) पाणिनि कृत 'अष्टाध्यायी' से
(स) 'विक्रमांक चरित' से (द) इनमें से कोई नहीं

231. प्रतिहार राजवंश का महान् शासक कौन था ?
(अ) महेंद्रपाल प्रथम (ब) देवपाल
(स) भोज (द) गोपाल तृतीय

232. सांस्कृतिक और आर्थिक दृष्टि से किस राजवंश ने उत्तर और दक्षिण के राज्यों के बीच सेतु का कार्य किया ?

उत्तर के लिए कृपया पृष्ठ सं. 155 देखें।

(अ) चोल (ब) पाल
(स) पल्लव (द) राष्ट्रकूट

233. 'ऐहोल प्रशस्ति' का लेखक रविकीर्ति किस चालुक्य शासक का दरबारी कवि था?
(अ) विष्णुवर्धन (ब) पुलकेशिन द्वितीय
(स) विजयादित्य (द) जयसिंह

234. किस राजा ने 'विक्रमशिला विश्वविद्यालय' की स्थापना की थी?
(अ) भोज (ब) धर्मपाल
(स) देवपाल (द) ध्रुव

235. किस वंश के शासकों ने बौद्ध धर्म के अध्ययन और उसके प्रचार-प्रसार को बढ़ावा दिया?
(अ) चोल (ब) पाल
(स) राष्ट्रकूट (द) प्रतिहार

236. जिनसेन ने 'आदिपुराण' और महावीराचार्य ने 'गणितसार संग्रह' नामक ग्रंथ किस काल में लिखे?
(अ) चालुक्य (ब) राष्ट्रकूट
(स) चेर (द) पल्लव

237. संस्कृत के महान् कवि और नाटककार राजशेखर किसके राज्य में रहते थे?
(अ) परवर्ती चालुक्य (ब) राष्ट्रकूट
(स) पाल (द) प्रतिहार

238. किस चोल शासक की हत्या विद्रोह पर उतारू हिंसक भीड़ ने कर दी थी?
(अ) राजेंद्र द्वितीय (ब) अधिराजेंद्र
(स) विजयालय (द) वीर राजेंद्र

239. निम्नलिखित में से राष्ट्रकूट प्रशासन की इकाई कौन सी मानी जाती थी?
(अ) पत्तल (ब) विषय
(स) राष्ट्र (द) भुक्ति

240. राष्ट्रकूट साम्राज्य का संस्थापक कौन था?
(अ) गोविंद प्रथम (ब) गोविंद तृतीय
(स) दंतिदुर्ग (द) अमोघवर्ष

उत्तर के लिए कृपया पृष्ठ सं. 155-156 देखें।

241. तिब्बत के साथ किस राजवंश के घनिष्ठ सांस्कृतिक संबंध थे?

(अ) प्रतिहार (ब) पाल

(स) चोल (द) राष्ट्रकूट

242. दक्षिण भारत का एकमात्र राजवंश कौन सा था, जिसने जलमार्ग से विदेशों पर हमला किया था?

(अ) चोल (ब) पांड्य

(स) राष्ट्रकूट (द) पल्लव

243. चोल शासन में कुल कृषि उपज का कितना भाग भूमिकर के रूप में वसूल किया जाता था?

(अ) 1/4 (ब) 1/6

(स) 1/3 (द) 1/8

244. किस चोल शासक ने श्रीलंका के दक्षिणी क्षेत्र को जीतकर अपने साम्राज्य में मिला लिया था?

(अ) परांतक प्रथम (ब) राजराजा

(स) अधिराजेंद्र (द) राजेंद्र प्रथम

245. राष्ट्रकूट वंश का सबसे प्रभावशाली शासक कौन था, जिसने चोलों, पांड्यों तथा केरलों को बुरी तरह पराजित किया?

(अ) दंतिदुर्ग (ब) गोविंद तृतीय

(स) कृष्ण तृतीय (द) कृष्ण प्रथम

246. पांड्य शासकों का संघर्ष मुख्यत: किसके साथ चलता रहा?

(अ) चेर (ब) चोल

(स) पल्लव (द) राष्ट्रकूट

247. पल्लव-चोल स्थापत्य कला शैली किस नाम से जानी जाती है?

(अ) चोल (ब) नागर

(स) द्राविड़ (द) पल्लव

248. चोल राजवंश में गाँव की आम सभा क्या कहलाती थी?

(अ) सभा (ब) उर

(स) वलनाडु (द) नगरम्

249. चोल साम्राज्य में प्रशासन की सबसे छोटी इकाई क्या कहलाती थी?

उत्तर के लिए कृपया पृष्ठ सं. 156 देखें।

(अ) मंडलम् (ब) कोट्टम्
(स) कुर्रम (द) नगरम्

250. पल्लव शासकों ने तमिल के स्थान पर किस भाषा को ज्यादा प्रोत्साहन दिया?
(अ) हिंदी (ब) संस्कृत
(स) पालि (द) प्राकृत

251. किस चालुक्य शासक ने पल्लव वंश के शासक नरसिंहवर्मन को युद्ध में पराजित कर उसकी हत्या कर दी थी?
(अ) जयसिंह (ब) तैलप द्वितीय
(स) सोमेश्वर तृतीय (द) पुलकेशिन द्वितीय

252. निम्नलिखित में से किसने नालंदा में बौद्ध मठ बनाने के लिए पाल वंश के शासकों से अनुमति ली थी?
(अ) शैलेंद्र (ब) सेन
(स) परवर्ती चालुक्य (द) चोल

253. आठवीं और दसवीं शताब्दी के मध्य दक्षिण भारत का कौन सा साम्राज्य सबसे लंबे समय तक चला था?
(अ) राष्ट्रकूट (ब) चोल
(स) प्रतिहार (द) पाल

254. किस वंश के शासक ने अपने साम्राज्य में इसलाम धर्म की शिक्षाओं के प्रचार की अनुमति दी थी?
(अ) पाल (ब) सेन
(स) राष्ट्रकूट (द) प्रतिहार

255. किस भारतीय विद्वान् राजा ने वास्तुशिल्प पर अनूठी पुस्तक 'समरांगण सूत्रधार' लिखी थी?
(अ) जयसिंह सिद्धराज (ब) मिहिर भोज
(स) महेंद्रपाल प्रथम (द) भोज परमार

256. कलिंग से बंगाल तक विजय-अभियान की याद में किस राजा ने 'गंगयकोंडचोल' की पदवी धारण की?
(अ) कुलोत्तुंग (ब) राजराजा
(स) राजेंद्र प्रथम (द) विजयालय

उत्तर के लिए कृपया पृष्ठ सं. 156 देखें।

257. दशावतार मंदिर का निर्माण आठवीं शताब्दी में किस राष्ट्रकूट शासक के काल में हुआ था?

(अ) अमोघवर्ष प्रथम (ब) दंतिदुर्ग

(स) कृष्ण प्रथम (द) इनमें से कोई नहीं

258. कल्याणी के चालुक्य वंश के किस शासक को हराकर देवगिरि के यादवों ने इस वंश का अंत कर दिया?

(अ) सत्याश्रय (ब) जयसिंह द्वितीय

(स) तैलप (द) सोमेश्वर

259. पल्लवकालीन मंदिर स्थापत्य कला की मामल्ल शैली का प्रवर्तक कौन था?

(अ) महेंद्र वर्मन (ब) नरसिंह वर्मन प्रथम

(स) सिंह वर्मन (द) इनमें से कोई नहीं

260. चोलों के स्थानीय स्वशासन की जानकारी किस अभिलेख से मिलती है?

(अ) उत्तर मेरूर (ब) मांडा

(स) कोंडई (द) उत्तरपुर

261. चोल साम्राज्य का सर्वाधिक विस्तार किसके शासनकाल में हुआ?

(अ) राजेंद्र प्रथम (ब) राजराजा प्रथम

(स) विजयालय (द) इनमें से कोई नहीं

□

उत्तर के लिए कृपया पृष्ठ सं. 156 देखें।

7

दिल्ली सल्तनत

262. बलबन दिल्ली की गद्दी पर कब बैठा?
   (अ) सन् 1229 (ब) सन् 1236
   (स) सन् 1265 (द) सन् 1230
263. कौन सा शासक अपनी सादगी के कारण 'दरवेश' कहलाता था?
   (अ) बलबन (ब) बगरा खाँ
   (स) नासिरुद्दीन (द) आरामशाह
264. इल्तुतमिश की राजधानी कहाँ थी?
   (अ) लाहौर (ब) दिल्ली
   (स) पानीपत (द) आगरा
265. दिल्ली का पहला मुसलिम शासक कौन था, जिसने भारत में गुलाम वंश की नींव डाली?
   (अ) इल्तुतमिश (ब) यल्दोज
   (स) कुबाचा (द) कुतुबुद्दीन ऐबक
266. दिल्ली का कौन सा सुल्तान 'लाख बक्श' के नाम से जाना जाता था?
   (अ) अलाउद्दीन खिलजी (ब) बलबन
   (स) कुतुबुद्दीन ऐबक (द) इल्तुतमिश
267. महमूद गजनवी की मृत्यु के बाद कौन सा साम्राज्य अस्तित्व में आया?
   (अ) सेल्जक (ब) मंगोल
   (स) समंद (द) गहड़वाल

उत्तर के लिए कृपया पृष्ठ सं. 156 देखें।

268. 'शाहनामा' किसकी कृति है ?

(अ) फैजी (ब) अमीर खुसरो

(स) अबुल फजल (द) फिरदौसी

269. दिल्ली के किस सुल्तान ने आम जनता से बात करने से इनकार कर दिया था ?

(अ) फिरोज तुगलक (ब) जलालुद्दीन खिलजी

(स) इल्तुतमिश (द) बलबन

270. मंगोल पैटर्न के बाद किस शासक ने दशमलव पद्धति पर सेना संगठित की थी ?

(अ) मुहम्मद-बिन-तुगलक (ब) बलबन

(स) सिकंदर लोदी (द) इब्राहिम लोदी

271. दिल्ली के किस सुल्तान ने ब्राह्मणों पर जजिया कर लगाया था ?

(अ) सिकंदर लोदी (ब) फिरोजशाह तुगलक

(स) बहलोल लोदी (द) अलाउद्दीन खिलजी

272. सल्तनत काल का प्रथम शासक कौन था, जिसे 1299 ई. में बगदाद के खलीफा से शासन की वैधानिक स्वीकृति प्राप्त हुई ?

(अ) नासिरुद्दीन महमूद (ब) इल्तुतमिश

(स) अलाउद्दीन मसूदशाह (द) मुईजुद्दीन बहरामशाह

273. दिल्ली सल्तनत का कौन सा शासक स्वयं को 'द्वितीय सिकंदर' कहता था, जिसने विश्व विजय की योजना बनाई थी ?

(अ) इल्तुतमिश (ब) बलबन

(स) अलाउद्दीन खिलजी (द) फिरोजशाह तुगलक

274. गरीब मुसलिम कन्याओं के लिए 'दीवान-ए-खैरा' नामक अलग विभाग की स्थापना किसने की थी ?

(अ) मुहम्मद-बिन-तुगलक (ब) गयासुद्दीन तुगलक

(स) फिरोजशाह तुगलक (द) इल्तुतमिश

275. सल्तनत काल में कौन सा एकमात्र भारतीय मुसलिम शासक दिल्ली के सिंहासन पर बैठा था ?

(अ) मुबारक शाह (ब) रेहान

(स) मुबारक खिलजी (द) आरामशाह

उत्तर के लिए कृपया पृष्ठ सं. 156 देखें।

276. मुगल सिंहासन पर जहाँगीर के सत्तासीन होने के अवसर पर दरबार का चित्र किस चित्रकार ने तैयार किया था?

(अ) अबुल हसन (ब) अबुल फजल

(स) फैजी (द) मंसूर

277. इनमें से किस शासक को 'खिलजी वंश का विनाशक' माना जाता है?

(अ) गयासुद्दीन तुगलक (ब) गाजी मलिक

(स) नासिरुद्दीन खुसरो (द) मलिक काफूर

278. तुगलक काल की अधिकांश इमारतों में कौन सा पत्थर इस्तेमाल किया गया था?

(अ) धूसर बलुआ पत्थर (ब) हरा बलुआ पत्थर

(स) संगमरमर (द) लाल बलुआ पत्थर

279. किसके शासनकाल में भारतीय शास्त्रीय संगीत विषयक ग्रंथ 'राग दर्पण' का फारसी में अनुवाद किया गया था?

(अ) फिरोजशाह तुगलक (ब) सिकंदर लोदी

(स) आरामशाह (द) इल्तुतमिश

280. दिल्ली के किस सुल्तान ने सर्वप्रथम कुलीन और सैन्य अधिकारी के पद वंशानुगत रूप में देने शुरू कर दिए थे?

(अ) अलाउद्दीन खिलजी (ब) इल्तुतमिश

(स) फिरोज तुगलक (द) बलबन

281. अलाउद्दीन खिलजी का कौन सा सेनापति मंगोल सेना से लड़ते हुए मारा गया था?

(अ) नुसरत खाँ (ब) निशात खाँ

(स) जाफर खाँ (द) अलग खाँ

282. जलालुद्दीन खिलजी ने अपने शासनकाल में एकमात्र विजय कहाँ प्राप्त की थी?

(अ) मंडावर (ब) रणथंभौर

(स) भिल्सा (द) देवगिरि

283. इनमें से किस मुसलिम शासक/शासिका के शासनकाल में पहली बार दक्कन पर आक्रमण किया गया था?

उत्तर के लिए कृपया पृष्ठ सं. 156 देखें।

(अ) फिरोजशाह तुगलक (ब) बलबन
(स) जलालुद्दीन खिलजी (द) रजिया बेगम

284. पहली बार दिल्ली के किस सुल्तान ने शासक को ईश्वर के रूप में मानने पर बल दिया?
(अ) इल्तुतमिश (ब) बहलोल लोदी
(स) रजिया बेगम (द) बलबन

285. इनमें से किस सम्राट् ने फिरदौसी को संरक्षण दिया था?
(अ) मुहम्मद गोरी (ब) अल्तूनिया
(स) महमूद गजनवी (द) इल्तुतमिश

286. तैमूर लंग ने दिल्ली पर कब आक्रमण किया था?
(अ) 1395 ई. (ब) 1396 ई.
(स) 1398 ई. (द) 1391 ई.

287. निम्नलिखित में से कौन सा शहर फिरोजशाह तुगलक ने नहीं बसाया था?
(अ) हिसार (ब) फिरोजपुर
(स) जौनपुर (द) फतेहाबाद

288. मुहम्मद-बिन-कासिम के नेतृत्व में अरबों ने सिंध प्रदेश को कब जीता था?
(अ) 712 ई. (ब) 711 ई.
(स) 700 ई. (द) 720 ई.

289. भारत पर सबसे पहले किस मुसलिम ने हमला किया था?
(अ) चंगेज खाँ (ब) मुहम्मद गोरी
(स) महमूद गजनवी (द) मुहम्मद-बिन-कासिम

290. तुगलक वंश के किस शासक की सिंधु के विद्रोह को दबाने के क्रम में थट्टा के निकट 20 मार्च, 1351 को मृत्यु हो गई?
(अ) फिरोजशाह तुगलक (ब) मुहम्मद-बिन-तुगलक
(स) तुगलकशाह (द) गयासुद्दीन तुगलक

291. 1296 ई. में अपने चाचा की हत्या करके दिल्ली की गद्दी पर कौन बैठा?
(अ) जलालुद्दीन खिलजी (ब) अलाउद्दीन खिलजी
(स) गयासुद्दीन तुगलक (द) अलाउद्दीन मसूदशाह

292. महमूद गजनवी ने भारत पर कुल कितनी बार हमला किया था?

उत्तर के लिए कृपया पृष्ठ सं. 156 देखें।

(अ) बीस (ब) बारह

(स) सत्रह (द) पाँच

293. मध्यकालीन भारत में तथाकथित सात शहरों की नींव किसने रखी थी?

(अ) बलबन (ब) नासिरुद्दीन

(स) कुतुबुद्दीन ऐबक (द) महमूद गजनवी

294. शाहजहाँ ने आगरा का ताजमहल किस देश के कारीगरों की सहायता से बनवाया था?

(अ) यूनान (ब) चीन

(स) फारस (द) ईरान

295. दक्षिण के राज्यों पर कई बार विजय प्राप्त करनेवाला अलाउद्दीन खिलजी का सेनापति कौन था?

(अ) नुसरत खाँ (ब) उलूग खाँ

(स) मलिक काफूर (द) इनमें से कोई नहीं

296. कुतुबुद्दीन ऐबक ने स्वतंत्र शासक के रूप में कहाँ पर शासन किया था?

(अ) दिल्ली (ब) लाहौर

(स) पानीपत (द) आगरा

297. जनवरी 1216 में तराइन की लड़ाई में इल्तुतमिश ने किसे करारी शिकस्त दी थी?

(अ) नासिरुद्दीन कुबाचा (ब) नासिरुद्दीन

(स) ताजुद्दीन यल्दोज (द) अली मर्दान

298. कुतुबुद्दीन ऐबक की मृत्यु कैसे हुई थी?

(अ) यल्दोज के साथ लड़ते हुए (ब) किले से गिरकर

(स) उसके पुत्र ने उसकी हत्या कर दी

(द) चौगान खेलते हुए घोड़े से गिरकर

299. किसके शासनकाल में भारत की पश्चिमोत्तर सीमाओं पर पहली बार मंगोल-संकट घिर आया था?

(अ) बलबन (ब) इल्तुतमिश

(स) इब्राहीम लोदी (द) अलाउद्दीन खिलजी

उत्तर के लिए कृपया पृष्ठ सं. 156 देखें।

300. भारत में मुसलिम शासन की स्थापना करने के इरादे से प्रथम बार किसने आक्रमण किया था?

(अ) अली मर्दान (ब) महमूद गजनवी

(स) मुहम्मद गोरी (द) मुहम्मद-बिन-कासिम

301. 'उमर-ए-चहलगनी' नामक परिषद् का गठन किसने किया था?

(अ) इल्तुतमिश (ब) आरामशाह

(स) बलबन (द) सिकंदर लोदी

302. इनमें से किस सुल्तान ने अपनी आत्मकथा लिखी थी?

(अ) मुहम्मद-बिन-तुगलक (ब) जलालुद्दीन खिलजी

(स) इब्राहीम लोदी (द) फिरोजशाह तुगलक

303. दिल्ली सल्तनत में शेरशाह सूरी का शासन काल किसलिए अधिक प्रसिद्ध रहा?

(अ) कला (ब) डाक सुधार

(स) प्रशासन की एक जैसी प्रणाली (द) धार्मिक सहिष्णुता

304. किस शासक ने 'नवरोज' की प्रथा चलाई?

(अ) मुबारक खिलजी (ब) बलबन

(स) इल्तुतमिश (द) अलाउद्दीन खिलजी

□

उत्तर के लिए कृपया पृष्ठ सं. 156-157 देखें।

8

विजयनगर और बहमनी साम्राज्य

305. प्राचीन विजयनगर साम्राज्य के अवशेष कहाँ प्राप्त हुए हैं?
   (अ) कोणार्क　　(ब) कटक
   (स) हंपी　　(द) इनमें से कोई नहीं

306. अहमदाबाद की आधारशिला कब रखी गई थी?
   (अ) सन् 1410　　(ब) सन् 1407
   (स) सन् 1413　　(द) सन् 1416

307. अलाउद्दीन हसनशाह बहमनी दौलताबाद के सिंहासन पर कब बैठा?
   (अ) सन् 1357　　(ब) सन् 1457
   (स) सन् 1347　　(द) सन् 1394

308. गुजरात की दूसरी राजधानी का नाम क्या था?
   (अ) मुहम्मदाबाद　　(ब) चंपारण
   (स) मुस्तफाबाद　　(द) पाटण

309. सन् 1465 में स्थापित मारवाड़ साम्राज्य की राजधानी कौन सी थी?
   (अ) अजमेर　　(ब) जोधपुर
   (स) रणथंभौर　　(द) नागौर

310. किस शासक ने बंगाल में इलियास शाही वंश को समाप्त करके बंगाल को भी दिल्ली के साम्राज्य में मिला लिया था?
   (अ) शेरशाह सूरी　　(ब) अकबर
   (स) हुमायूँ　　(द) बाबर

उत्तर के लिए कृपया पृष्ठ सं. 157 देखें।

311. बहमनी राज्य किसी शताब्दी में उत्कर्ष को प्राप्त हुआ?

(अ) चौदहवीं (ब) सोलहवीं

(स) ग्यारहवीं (द) तेरहवीं

312. 1527 ई. में बहमनी साम्राज्य के किस शासक की मृत्यु के बाद बहमनी साम्राज्य का पतन हो गया?

(अ) अहमदशाह (ब) मुहम्मदशाह प्रथम

(स) महमूद गवाँ (द) कलीमुल्लाशाह

313. किस शासक ने पाटण के स्थान पर अहमदाबाद को गुजरात की राजधानी बनाया?

(अ) आसिफ अली (ब) बसीत अली खाँ

(स) अहमदशाह प्रथम (द) मुजफ्फरशाह

314. किस हिंदू शासक ने बहुत कम समय तक बंगाल पर शासन किया था?

(अ) राजा देवपाल (ब) राजा विक्रमादित्य

(स) राजा गणेश (द) राजा नगेंद्र

315. किसके शासनकाल में बँगला भाषा ने अत्यधिक प्रगति की?

(अ) अलाउद्दीन हुसैन (ब) अहमद शाह

(स) नुसरत शाह (द) मुजफ्फर शाह

316. गुजरात में पहली बार हिंदुओं पर जजिया कर किसने लगाया?

(अ) अहमद शाह द्वितीय (ब) अहमद शाह प्रथम

(स) मुजफ्फर शाह (द) हुसैन शाह

317. राजा कृष्णदेव राय के दरबार में किस भाषा को प्रश्रय देकर सबसे ज्यादा लाभ पहुँचाया गया था?

(अ) तेलुगु (ब) प्राकृत

(स) संस्कृत (द) तमिल

318. विजयनगर के किस शासक ने कौटिल्य के 'अर्थशास्त्र' की तर्ज पर 'अमुक्तमलयद' पुस्तक लिखी थी?

(अ) देव राय प्रथम (ब) हरिहर

(स) कृष्णदेव राय (द) इनमें से कोई नहीं

319. विजयनगर साम्राज्य की दूसरी राजधानी कौन सी थी?

उत्तर के लिए कृपया पृष्ठ सं. 157 देखें।

(अ) पेणुगोंडा (ब) हंपी
(स) कांपिली (द) रायचूर

320. तालिकोटा का युद्ध कब हुआ था?
(अ) सन् 1465 (ब) सन् 1565
(स) सन् 1575 (द) इनमें से कोई नहीं

321. किसके शासनकाल में बंगाल स्वतंत्र राज्य बना था?
(अ) मुहम्मद-बिन-तुगलक (ब) फिरोजशाह तुगलक
(स) गयासुद्दीन तुगलक (द) गयासुद्दीन तुगलक द्वितीय

322. किस मुसलिम शासक ने पहली बार दक्कन से जजिया कर हटाया था?
(अ) मुहम्मद शाह द्वितीय (ब) मुहम्मद प्रथम
(स) अलाउद्दीन बहमन शाह (द) दाऊद शाह

323. विजयनगर के किस शासक ने अपनी सेना में तुर्की तीरंदाजों को भरती करना शुरू किया?
(अ) विजय द्वितीय (ब) अच्युतराय
(स) बुक्का (द) देवराय द्वितीय

324. विजयनगर साम्राज्य का संस्थापक कौन था?
(अ) हरिहर द्वितीय (ब) बुक्का द्वितीय
(स) हरिहर और बुक्का (द) विजयराय

325. निम्नलिखित में से कौन सा प्रांत बहमनी राज्य में शामिल नहीं था?
(अ) बरार (ब) गुलबर्ग
(स) गोलकुंडा (द) दौलताबाद

326. बहमनी साम्राज्य का संस्थापक कौन था?
(अ) मुहम्मद शाह प्रथम (ब) फिरोज शाह
(स) अहमद शाह वली (द) अलाउद्दीन हसन बहमन शाह

327. विजयनगर पर शासन करनेवाला पहला शासक वंश कौन सा था?
(अ) संगम (ब) अरविदु
(स) सालुवा (द) तलुवा

328. किस नदी के उत्तरी तट पर विजयनगर (हंपी) शहर स्थित था?
(अ) तुंगभद्रा (ब) गोदावरी
(स) कावेरी (द) कृष्णा

उत्तर के लिए कृपया पृष्ठ सं. 157 देखें।

329. किसके शासनकाल में बहमनी साम्राज्य की राजधानी गुलबर्ग के स्थान पर बीदर को बनाया गया ?

(अ) सुल्तान मुहम्मद (ब) महमूद शाह

(स) अहमद शाह (द) इनमें से कोई नहीं

330. विजयनगर साम्राज्य की राजकीय आय का प्रमुख स्रोत कृषि कर था; यह किसानों से उपज का कितना भाग लिया जाता था ?

(अ) 1/4 (ब) 1/6

(स) 1/8 (द) 1/10

331. इतालवी यात्री निकोलो कोंटी और ईरानी यात्री अब्दुर्रज्जाक किसके शासनकाल में विजयनगर आए थे ?

(अ) देवराय प्रथम (ब) हरिहर

(स) बुक्का द्वितीय (द) कृष्णदेव राय

332. तालिकोटा की लड़ाई में विजयनगर शहर की तबाही के बाद विजयनगर साम्राज्य की राजधानी किसे बनाया गया ?

(अ) श्रीरंगपट्टनम (ब) पेणुगोंडा

(स) चंद्रगिरि (द) मदुरै

333. बहमनी साम्राज्य के पतन के बाद उसके स्थान पर कितने स्वतंत्र राज्यों का उदय हुआ ?

(अ) चार (ब) पाँच

(स) दो (द) तीन

334. पंद्रहवीं शताब्दी में मालवा की राजधानी धार से कहाँ स्थानांतरित की गई ?

(अ) डूँगरपुर (ब) बयाणा

(स) कोटा (द) मांडू

335. किस प्रख्यात फारसी कवि के साथ आजम शाह के प्रगाढ़ संबंध थे ?

(अ) शिराज का हाफिज (ब) अबुल फजल

(स) मिन्हाज-अस-सिराज (द) बदायूँनी

336. गुजरात राज्य का वास्तविक संस्थापक किसे माना जाता है ?

(अ) नुसरत शाह (ब) मुजफ्फर शाह

(स) अहमद शाह प्रथम (द) महमूद बेगढ़

उत्तर के लिए कृपया पृष्ठ सं. 157 देखें।

337. कश्मीर के किस सुल्तान ने ब्राह्मणों पर अत्याचार की नीति अपनाई तथा उन्हें इसलाम धर्म अपनाने या घाटी छोड़ देने का आदेश दिया?

(अ) हुशांग शाह (ब) सिकंदर शाह

(स) हसन कमाल (द) जैनुल अबदीन

338. प्रख्यात वैष्णव बंधु रूप और संतन को किस सुल्तान के दरबार में ऊँचे ओहदे मिले थे?

(अ) जाफर खाँ (ब) नुसरत शाह

(स) अहमद शाह (द) अलाउद्दीन हुसैन

339. पूर्वी ब्रह्मपुत्र घाटी में वैष्णव मत के प्रचार-प्रसार में किस वैष्णव सुधारक ने महत्त्वपूर्ण भूमिका निभाई?

(अ) चंडीदास (ब) शंकरदेव

(स) रामानंद (द) वल्लभाचार्य

340. बहमनी राज्य के पतन का निम्नलिखित में से कौन सा कारण था?

(अ) विदेशी अमीरों के षड्यंत्र (ब) विजयनगर से अनवरत युद्ध

(स) सुल्तानों की असहिष्णुता (द) उपर्युक्त सभी

341. किस शासक ने मांडू को मालवा की राजधानी बनाया था?

(अ) नासिरुद्दीन शाह (ब) गियास शाह

(स) हुशांग शाह (द) कादिर शाह

342. दक्कन के बहमनी राज्य का अंतिम शासक कौन था?

(अ) कलीमुल्लाह (ब) वालिउल्लाह

(स) अहमद शाह (द) सलीमुल्लाह

343. किस शासक ने गुजरात में अहमदाबाद को अपनी राजधानी बनाया था?

(अ) कुतुबुद्दीन अहमद शाह द्वितीय

(ब) मुजफ्फर शाह द्वितीय

(स) महमूद बेगढ़

(द) अहमद शाह प्रथम

344. रामराय ने राज्य के मुसलमानों पर बीभत्स अत्याचार किए और 1558 ई. में अहमदनगर राज्य को बरबाद कर दिया, जिसके कारण अंततः तालिकोटा के युद्ध में उसका वध कर दिया गया। वह विजयनगर साम्राज्य के किस राजा का प्रधानमंत्री था?

उत्तर के लिए कृपया पृष्ठ सं. 157 देखें।

(अ) कृष्णदेव राय (ब) सदाशिव राय

(स) अच्युतदेव राय (द) नरसिंह राय

345. किस गुरु के कहने पर बुक्का और हरिहर ने हिंदू धर्म को पुन: अपना लिया था?

(अ) रामानुज (ब) शंकराचार्य

(स) विद्यारण्य (द) वल्लभाचार्य

346. अपनी सूझ-बूझ और हास्य-विनोद के लिए पूरे दक्षिण भारत में प्रख्यात किस कवि ने विजयनगर के राजा कृष्णदेव राय के दरबार की शोभा बढ़ाई थी?

(अ) तुकाराम (ब) तेनाली रामकृष्ण

(स) हरिदास (द) पुरंदरदास

347. विजयनगर के किस राजा को 'आंध्र का पितामह' व 'आंध्र का भोज' के नाम से जाना जाता था और जिसका शासनकाल तेलुगु साहित्य का स्वर्ण युग कहलाता है?

(अ) कृष्णदेव राय (ब) सालुवा नरसिम्हा

(स) बुक्का द्वितीय (द) देव राय प्रथम

□

उत्तर के लिए कृपया पृष्ठ सं. 157 देखें।

9

धार्मिक और सांस्कृतिक विकास

348. प्रसिद्ध चित्रकार जसवंत और दासवान किसके दरबार में रहते थे?

(अ) जहाँगीर (ब) अकबर

(स) हुमायूँ (द) शाहजहाँ

349. 'भगवद्गीता' का अनुवाद बँगला भाषा में किसने किया था?

(अ) मालाधर बसु (ब) भट्टदेव

(स) रूप गोस्वामी (द) चंडीदास

350. पूर्व मध्यकाल में 'हम्मीर रासो' तथा 'हम्मीर काव्य' नामक काव्य ग्रंथों की रचना किसने की?

(अ) दलपति विजय (ब) चंदबरदाई

(स) जगनिक (द) शार्ङ्गधर

351. निम्नलिखित में से किसका उल्लेख संगम साहित्य में नहीं है?

(अ) चोल (ब) चेर

(स) पांड्य (द) कदंब

352. भुवनेश्वर तथा पुरी के मंदिर किस शैली में निर्मित हैं?

(अ) बेसर (ब) द्रविड़

(स) नागर (द) इनमें से कोई नहीं

353. गुरु गोविंद सिंह ने खालसा पंथ की नींव किस वर्ष रखी थी?

(अ) सन् 1620 (ब) सन् 1601

(स) सन् 1608 (द) सन् 1669

उत्तर के लिए कृपया पृष्ठ सं. 157 देखें।

354. बौद्ध मूर्तिकला तथा चित्रकला के दर्शन कहाँ होते हैं ?

(अ) कांची (ब) आगरा

(स) सारनाथ (द) लुंबिनी

355. भारत में तुर्क कौन सा वाद्य-यंत्र अपने साथ लाए ?

(अ) डमरू (ब) तबला

(स) सारंगी (द) सितार

356. महाराष्ट्र में भक्ति आंदोलन का केंद्र कहाँ था ?

(अ) पंढरपुर (ब) पूना

(स) नागपुर (द) नासिक

357. संत कबीरदास और रविदास किसके शिष्य थे ?

(अ) वल्लभाचार्य (ब) शंकराचार्य

(स) रामानंद (द) रामानुज

358. सिखों के पवित्र ग्रंथ 'गुरु ग्रंथ साहब' का सार कहाँ मिलता है ?

(अ) जनम साखी (ब) जपुजी साहिब

(स) आदि ग्रंथ (द) इनमें से कोई नहीं

359. किस धर्म में सूफी संप्रदाय का विकास हुआ ?

(अ) इसलाम धर्म (ब) हिंदू धर्म

(स) ईसाई धर्म (द) सिख धर्म

360. निम्नलिखित में से किस भक्तिकालीन संत को पंद्रहवीं शताब्दी की देन माना जाता है ?

(अ) नानक (ब) वल्लभाचार्य

(स) चैतन्य (द) उपर्युक्त सभी

361. महाराष्ट्र के भक्ति आंदोलन से जुड़ा पंढरपुर संप्रदाय किससे संबंधित था ?

(अ) विठोबा (ब) गणेश

(स) कृष्ण (द) लक्ष्मी

362. महान् भारतीय दार्शनिक शंकराचार्य ने किस मत का प्रचार किया ?

(अ) अद्वैत (ब) द्वैत

(स) विशिष्टाद्वैत (द) इनमें से कोई नहीं

363. प्रसिद्ध सूफी संत शेख सलीम चिश्ती कहाँ रहते थे ?

उत्तर के लिए कृपया पृष्ठ सं. 157-158 देखें।

(अ) अजमेर (ब) दिल्ली

(स) आगरा (द) इनमें से कोई नहीं

364. चैतन्य महाप्रभु कहाँ के रहनेवाले थे ?

(अ) पंजाब (ब) बंगाल

(स) दक्कन (द) गुजरात

365. बाबर की आत्मकथा 'तुजुक-ए-बाबरी' या 'बाबरनामा' किस भाषा में लिखी गई है ?

(अ) तुर्की (ब) अरबी

(स) फारसी (द) उर्दू

366. द्राविड़ स्थापत्य शैली के दर्शन कहाँ होते हैं ?

(अ) कोणार्क के सूर्य मंदिर में (ब) मामल्लपुरम के धर्मराजरथ में

(स) पुरी के जगन्नाथ मंदिर में (द) इनमें से कोई नहीं

367. बंगाल के किस शासक ने 'महाभारत' और 'रामायण' का बँगला भाषा में अनुवाद किया था ?

(अ) नुसरत शाह (ब) बहमन शाह

(स) आराम शाह (द) हुसैन शाह

368. एकनाथ और तुकाराम के योगदान से कौन सी भाषा चरमोत्कर्ष पर पहुँच गई थी ?

(अ) मलयालम (ब) मराठी

(स) कोंकणी (द) संस्कृत

369. फतेहपुर की कौन सी इमारत 'अकबर का ख्वाब' कहलाती थी ?

(अ) ताजमहल (ब) बुलंद दरवाजा

(स) इबादतखाना (द) इनमें से कोई नहीं

370. सूफी संत ईश्वर के निकट पहुँचने के साधन के रूप में किस पर बल देते थे ?

(अ) प्रार्थना (ब) प्रेम

(स) प्रतिद्वंद्विता (द) सांप्रदायिक भेदभाव

371. मध्यकाल में निम्नलिखित में से किसने प्रेम और गर्व पर अपने अधिकांश काव्य रचे ?

उत्तर के लिए कृपया पृष्ठ सं. 158 देखें।

(अ) गुरु नानक (ब) अमीर खुसरो

(स) मुईनुद्दीन चिश्ती (द) कबीरदास

372. प्रसिद्ध सूफी संत शेख निजामुद्दीन औलिया कहाँ रहते थे?

(अ) आगरा (ब) अजमेर

(स) दिल्ली (द) अलीगढ़

373. इनमें से कौन सा व्यक्ति अकबर द्वारा चलाए गए नए धर्म 'दीन-ए-इलाही' का सदस्य था?

(अ) बीरबल (ब) तानसेन

(स) टोडरमल (द) राजा मानसिंह

374. निर्गुण शाखा के प्रसिद्ध संत कबीरदास किसके शिष्य थे?

(अ) रामानंद (ब) वल्लभाचार्य

(स) रामदास (द) हरिहरानंद

375. सिखों के पवित्र ग्रंथ 'आदि ग्रंथ' का संकलन किसने किया था?

(अ) गुरु गोविंद सिंह (ब) गुरु रामदास

(स) गुरु अर्जुन देव (द) गुरु अंगददेव

376. 'बीजक' निम्नलिखित में से किस मध्यकालीन संत के उपदेशों का संग्रह है?

(अ) नामदेव (ब) रामानंद

(स) गुरु नानक (द) कबीरदास

377. कौन सा जैन संत अकबर के दरबार में रहा और जिसे 'जगद्गुरु' की उपाधि दी गई?

(अ) हरविजय सूरी (ब) विजय सूरी

(स) हेमचंद्र (द) जिनप्रभा (ज्ञानप्रभा) सूरी

378. अकबर के 'नवरत्नों' में हिंदी का प्रतिष्ठित कवि कौन था?

(अ) तानसेन (ब) बीरबल

(स) अब्दुर्रहीम खानखाना (द) फैजी

379. वर्तमान अमृतसर शहर की जमीन गुरु अमरदास को किसने दी थी?

(अ) औरंगजेब (ब) अकबर

(स) शेरशाह (द) शाहजहाँ

उत्तर के लिए कृपया पृष्ठ सं. 158 देखें।

380. निम्नलिखित में से किसने शंकराचार्य के अद्वैतवाद का खंडन कर मुक्ति-प्राप्ति के लिए सगुण ब्रह्म की उपासना करने का उपदेश दिया?

(अ) रामानंद (ब) रामानुज
(स) कबीरदास (द) माधवाचार्य

381. भक्ति आंदोलन के महान् संत चैतन्य महाप्रभु किसके समकालीन थे?

(अ) वल्लभाचार्य (ब) माधवाचार्य
(स) गुरु नानक (द) कबीरदास

382. बादशाह अकबर के दरबार में राजकवि कौन था?

(अ) बीरबल (ब) अबुल फजल
(स) फैजी (द) अब्बास खाँ शखाणी

383. किस राज्य पर विजय प्राप्त करने के उपलक्ष्य में अकबर ने फतेहपुर सीकरी में 'बुलंद दरवाजा' बनवाया था?

(अ) गुजरात (ब) दक्कन
(स) चित्तौड़ (द) मेवाड़

384. सोलहवीं शताब्दी की प्रसिद्ध साध्वी—मीराबाई, जिन्होंने ब्रज, राजस्थानी और गुजराती भाषा में अपने आराध्य श्रीकृष्ण की आराधना में पदों की रचना की, का जन्म कहाँ हुआ था?

(अ) मेड़ता (राजस्थान) (ब) वाराणसी
(स) मथुरा (द) आगरा

385. किसके शासनकाल में गुरु अर्जुन देव को शहादत मिली?

(अ) अकबर (ब) औरंगजेब
(स) जहाँगीर (द) बाबर

386. सूरदास किस भक्ति शाखा के कवि थे?

(अ) सगुण (ब) निर्गुण
(स) उपर्युक्त दोनों (द) इनमें से कोई नहीं

387. इनमें से किस स्थान पर अकबर ने किला बनवाया था?

(अ) लाहौर (ब) आगरा
(स) फतेहपुर सीकरी (द) दिल्ली

388. इसलाम का उदार तथा रहस्यवादी आंदोलन 'सूफीवाद' भारत में कौन सी शताब्दी में पहुँचा था?

उत्तर के लिए कृपया पृष्ठ सं. 158 देखें।

(अ) तेरहवीं (ब) ग्यारहवीं
(स) चौदहवीं (द) बारहवीं

389. पंजाबी काव्य की प्राचीनतम भक्ति रचनाएँ किसके द्वारा लिखी गई थीं?
(अ) गुरु अंगद (ब) बाबा फरीद
(स) गुरु नानक (द) कबीर

390. भक्ति आंदोलन में उत्तर भारत और दक्षिण भारत के बीच सेतु का कार्य किसने किया?
(अ) रामानंद (ब) वल्लभाचार्य
(स) रामानुज (द) माधव पिल्लै

391. किसके विवरणों से पता चलता है कि सबसे पहले भागवत मत यमुना नदी के किनारे बसे मथुरा में विकसित हुआ था?
(अ) स्त्रैबो (ब) मेगस्थनीज
(स) एरियन (द) हेरोडोटस

392. भारत में सबसे पहले कौन से सूफी संत का आगमन हुआ?
(अ) नक्शबंदी (ब) चिश्ती
(स) सुहरावर्दी (द) कादिरी

□

उत्तर के लिए कृपया पृष्ठ सं. 158 देखें।

10

मुगल काल

393. किसके निमंत्रण पर बाबर ने भारत पर आक्रमण किया था?

(अ) सिकंदर लोदी (ब) इब्राहीम लोदी

(स) दौलत खाँ लोदी (द) इनमें से कोई नहीं

394. किस लड़ाई में हुमायूँ आखिरकार शेरशाह सूरी से हार गया, जिसके परिणामस्वरूप मुगल साम्राज्य का पतन हो गया?

(अ) कन्नौज (ब) घाघरा

(स) चौसा (द) चुनार

395. अकबर के दरबार के महान् संगीतकार तानसेन का वास्तविक नाम क्या था?

(अ) मकरंद पांडेय (ब) रामतनु पांडेय

(स) रामदास (द) हरिदास

396. हल्दीघाटी की लड़ाई में मुगल सेना की बागडोर किसने सँभाली थी?

(अ) टोडरमल (ब) आसिफ खाँ

(स) बैरम खाँ (द) राजा मानसिंह

397. दाराशिकोह और औरंगजेब के बीच उत्तराधिकार का निर्णायक युद्ध कहाँ लड़ा गया?

(अ) खानवा (ब) देवरै

(स) समूगढ़ (द) भोपाल

398. अकबर के शासनकाल में किस महान् इतिहासकार ने 'अकबरनामा' और 'आईने-अकबरी' नामक पुस्तकें लिखीं?

उत्तर के लिए कृपया पृष्ठ सं. 158 देखें।

(अ) अबुल फजल (ब) शेख मुबारक
(स) बदायूँनी (द) फैजी

399. सन् 1571-72 में अकबर ने किस विजय के बाद अपनी राजधानी फतेहपुर सीकरी में बनाई ?
(अ) मालवा (ब) बंगाल
(स) चित्तौड़ (द) गुजरात

400. अकबर के बाद मुगल साम्राज्य के सिंहासन पर कौन बैठा था ?
(अ) उसका पौत्र खुसरो (ब) उसका पौत्र खुर्रम
(स) उसका पुत्र सलीम (द) मानसिंह

401. औरंगजेब ने किस सिख गुरु को मृत्युदंड दिया ?
(अ) गुरु तेग बहादुर (ब) गुरु अर्जुन देव
(स) गुरु हरगोविंद (द) गुरु हरकिशन

402. इनमें से किसके शासनकाल में सबसे ज्यादा मसजिदें बनवाई गई थीं ?
(अ) मुहम्मद शाह (ब) अकबर
(स) शाहजहाँ (द) औरंगजेब

403. प्रसिद्ध 'मयूर सिंहासन' मूलत: किसका था ?
(अ) नादिरशाह (ब) अकबर
(स) हुमायूँ (द) शाहजहाँ

404. निम्नलिखित में से किस मुगल सम्राट् का मकबरा भारत से बाहर स्थित है ?
(अ) जहाँगीर (ब) शाहजहाँ
(स) औरंगजेब (द) अकबर

405. पहली बार विशिष्ट कला-शैली को प्रोत्साहन किसके राजदरबार में दिया गया ?
(अ) बाबर (ब) अकबर
(स) हुमायूँ (द) जहाँगीर

406. अकबर के शासनकाल में दक्कन में सबसे ज्यादा मजबूत किला कौन सा बनवाया गया ?
(अ) असीरगढ़ (ब) गोलकुंडा
(स) बुरहानपुर (द) अतक

407. अकबर के शासन काल में इब्राहिम सरहिंदी ने किस वेद का फारसी में अनुवाद किया ?

उत्तर के लिए कृपया पृष्ठ सं. 158 देखें।

(अ) ऋग्वेद (ब) यजुर्वेद
(स) सामवेद (द) अथर्ववेद

408. अकबर का साम्राज्य कितने सूबों में बँटा हुआ था?
(अ) दस (ब) बारह
(स) इक्कीस (द) पंद्रह

409. श्रीनगर का प्रसिद्ध शालीमार बाग किस मुगल शासक ने बनवाया था?
(अ) शाहजहाँ (ब) अकबर
(स) जहाँगीर (द) औरंगजेब

410. अकबर के नौरत्नों में निम्नलिखित में से कौन शामिल नहीं था?
(अ) बीरबल (ब) हकीम हुमाम
(स) राजा मानसिंह (द) राजा बिहारीमल

411. अंतिम मुगल शासक बहादुरशाह 'जफर' को अंग्रेजों ने निर्वासित करके कहाँ भेजा था?
(अ) अंडमान (ब) रंगून
(स) मांडले (द) हैदराबाद

412. किस मुगल बादशाह के दरबार में गायन पर प्रतिबंध था?
(अ) शाहजहाँ (ब) औरंगजेब
(स) अकबर (द) जहाँगीर

413. इनमें से किस शासक का काल मुगल काल के स्वर्णिम युग का प्रारंभ माना जाता है?
(अ) शाहजहाँ (ब) हुमायूँ
(स) अकबर (द) जहाँगीर

414. 'मासिरे आलमगीरि' किसने लिखी थी?
(अ) मुस्तैद खाँ (ब) नासिरी
(स) अबुल फजल (द) फैजी

415. मुगलों के खिलाफ 'सतनामी विद्रोह' कब खड़ा हुआ था?
(अ) सन् 1672 (ब) सन् 1669
(स) सन् 1670 (द) सन् 1685

416. शाहजहाँ ने अपने उत्तराधिकारी के रूप में किसे चुना था?

उत्तर के लिए कृपया पृष्ठ सं. 158 देखें।

(अ) शाह शुजा (ब) दारा शिकोह
(स) औरंगजेब (द) मुराद

417. किसके शासनकाल में कंधार अंततः मुगल साम्राज्य में मिल गया था?
(अ) शाहजहाँ (ब) औरंगजेब
(स) अकबर (द) जहाँगीर

418. बाबर के बाद किस मुगल बादशाह ने पहली बार मध्य एशिया को जीतने की कोशिश की?
(अ) जहाँगीर (ब) अकबर
(स) औरंगजेब (द) शाहजहाँ

419. किसके नेतृत्व में मथुरा के जाटों ने सन् 1669 में औरंगजेब के समय विद्रोह किया था?
(अ) सूर्यभान (ब) चूड़ामन
(स) गोकल (द) राजाराम

420. मुगलकाल में चलनेवाले 'महमूदी सिक्के' किस धातु के बने हुए थे?
(अ) सोना (ब) ताँबा
(स) चाँदी (द) काँसा

421. किसके शासनकाल में भारतीय शास्त्रीय संगीत पर अनेक पुस्तकें लिखी गई थीं?
(अ) जहाँगीर (ब) अकबर
(स) शाहजहाँ (द) औरंगजेब

422. किस वर्ष औरंगजेब ने हिंदुओं पर जजिया कर पुनः लगा दिया था?
(अ) सन् 1679 (ब) सन् 1707
(स) सन् 1665 (द) सन् 1681

423. अकबर के शासनकाल के दौरान दिल्ली का सूबेदार कौन था?
(अ) अब्दुल सत्तार (ब) मिर्जा हाकिम
(स) तर्दी बेग (द) बैरम खाँ

424. औरंगजेब का प्रथम राज्याभिषेक कब हुआ था?
(अ) 15 जून, 1659 (ब) 31 जुलाई, 1658
(स) 31 जून, 1655 (द) इनमें से कोई नहीं

उत्तर के लिए कृपया पृष्ठ सं. 158 देखें।

425. अकबर के समय में आभिजात्य वर्ग का मुखिया क्या कहलाता था?

(अ) दीवान (ब) मीर बख्शी

(स) वजीर (द) मीर सामन

426. किसके शासनकाल में राजपूतों की बजाय मराठा सरदारों को अधिक मनसब मिले थे?

(अ) औरंगजेब (ब) बहादुरशाह

(स) जहाँगीर (द) शाहजहाँ

427. बंगाल के किस मुगल सूबेदार ने अहोम की राजधानी गढ़गाँव पर कब्जा किया था?

(अ) मिर्जा बेग (ब) मीर जुमला

(स) शाइस्ता खाँ (द) मीर कासिम

428. इनमें से कौन सा यात्री औरंगजेब के शासनकाल में भारत नहीं आया था?

(अ) डॉ. गेमिली कारेरी (ब) वर्नियर

(स) फ्रांसिस्को पेल्सेर्ट (द) मेनयुसी

429. किस मुगल शासक ने सती-प्रथा पर रोक लगा दी थी?

(अ) औरंगजेब (ब) अकबर

(स) जहाँगीर (द) शाहजहाँ

430. किसके शासनकाल में मुगल साम्राज्य का सर्वाधिक विस्तार हुआ?

(अ) शाहजहाँ (ब) अकबर

(स) औरंगजेब (द) जहाँगीर

431. राजपूत शासकों से निकट संबंध स्थापित करने के उद्देश्य से अकबर ने राजपूत कन्याओं से विवाह करना शुरू किया, सर्वप्रथम 1565 में उसने किस राजपूत राजा की पुत्री से विवाह किया?

(अ) राजा बिहारीमल (ब) राजा मानसिंह

(स) राजा भगवानदास (द) राजा टोडरमल

432. किस मुगल शासक को 'जिंदा पीर' कहा जाता था?

(अ) औरंगजेब (ब) जहाँगीर

(स) शाहजहाँ (द) अकबर

433. किस राजपूत राज्य ने अकबर के साथ सुलह की नीति नहीं अपनाई?

उत्तर के लिए कृपया पृष्ठ सं. 158-159 देखें।

(अ) आमेर (ब) जोधपुर

(स) उदयपुर (द) मेवाड़

434. अकबर के शासनकाल में सर्वाधिक 'मनसब' कितने थे?

(अ) 5,000 (ब) 7,000

(स) 15,000 (द) 20,000

435. किस उस्ताद शिल्पी के मार्गदर्शन में ताजमहल का डिजाइन बनाया गया और इसे पूरा किया गया?

(अ) उस्ताद रहमान (ब) उस्ताद हारून

(स) उस्ताद ईशा (द) उस्ताद मंसूर

436. किस मुगल बादशाह का लक्ष्य दार-उल-हरब को दार-उल-इसलाम में बदलना था?

(अ) शाहजहाँ (ब) औरंगजेब

(स) अकबर (द) जहाँगीर

□

उत्तर के लिए कृपया पृष्ठ सं. 159 देखें।

11

सल्तनत कालीन प्रशासन

437. सल्तनत काल में मंत्रिपरिषद् को क्या कहा जाता था?

(अ) मजलिस-ए-आजम (ब) आरिज-ए-मुमालिक

(स) मजलिस-ए-खलबत (द) मजलिस-ए-वजारत

438. सूचना एवं गुप्तचर विभाग की देखरेख करनेवाले कर्मचारी को क्या कहा जाता था?

(अ) वकील-ए-दरमहन्र (ब) अमीर-ए-मजलिस

(स) बरीद-ए-मुमालिक (द) इनमें से कोई नहीं

439. सल्तनत काल में 'पायक' किसे कहा जाता था?

(अ) घुड़सवार सेना (ब) पैदल सेना

(स) हस्ति सेना (द) सेनापति

440. मुसलमानों से भूमि पर वसूल किए जानेवाले कर को क्या कहा जाता था?

(अ) जकात (ब) खराज

(स) उश्र (द) जजिया

441. लगान निर्धारित करने की मिश्रित प्रणाली को क्या कहा जाता था?

(अ) मसाहत (ब) मुक्तई

(स) लंकबटाई (द) इनमें से कोई नहीं

442. सल्तनत काल में 'आरिज-ए-मुमालिक' कौन होता था?

(अ) जिले का अधिकारी (ब) सुल्तान का व्यक्तिगत अंगरक्षक

(स) सेना का प्रधान (द) राजस्व अधिकारी

उत्तर के लिए कृपया पृष्ठ सं. 159 देखें।

443. सल्तनत काल में विदेश विभाग को क्या कहा जाता था?

(अ) दीवाने-रसातल (ब) दीवाने-मुस्तखराज

(स) दीवाने-वक्फ (द) इनमें से कोई नहीं

444. मुहम्मद-बिन-तुगलक ने एक नए विभाग की स्थापना की थी, जिसके अंतर्गत कृषि के विकास के लिए कार्य किया जाता था, उसका नाम क्या था?

(अ) दीवाने-मुस्तखराज (ब) दीवाने-कोही

(स) दीवाने-वंदगान (द) इनमें से कोई नहीं

445. बहरामशाह ने एक नए पद का सृजन किया था, जो सुलतान के बाद का सबसे बड़ा अधिकारी होता था, उसका नाम क्या था?

(अ) वजीर (ब) दीवान-ए-इंशा

(स) नायब वजीर (द) नाइव

446. फिरोज तुगलक ने किस नए विभाग की स्थापना की थी, जिसके अंतर्गत गुलामों की देखरेख की जाती थी?

(अ) दीवान-ए-वंदगान (ब) दीवन-ए-कजा

(स) आरिज-ए-मुमालिक (द) इनमें से कोई नहीं

447. सल्तनत काल में मुशरिफ-ए-मुमालिक का क्या कार्य था?

(अ) विदेशों से पत्र व्यवहार का प्रबंध करना

(ब) विभिन्न प्रकार के करों का संग्रह करना

(स) राजकीय घोषणाओं का प्रचार-प्रसार एवं क्रियान्वयन करना

(द) राजस्व का लेखा-जोखा रखना

448. सल्तनत काल में प्रांतीय प्रशासन अक्ताओं और जिलों अथवा शिकों में विभाजित था; जिले अथवा शिक का अधिकारी क्या कहलाता था?

(अ) जिलेदार (ब) पटवारी

(स) शिकदार (द) इनमें से कोई नहीं

449. सल्तनत काल में सामान्यतया उपज का कितना भाग भूमिकर के रूप में वसूल किया जाता था?

(अ) 25 प्रतिशत (ब) 33 प्रतिशत

(स) 50 प्रतिशत (द) 40 प्रतिशत

उत्तर के लिए कृपया पृष्ठ सं. 159 देखें।

450. अलाउद्दीन खिलजी ने भूमि के क्षेत्रफल के आधार पर भूमिकर लगाने की प्रणाली शुरू की थी, उसे क्या कहा जाता था?

(अ) मुक्तई (ब) लंकबटाई

(स) रास बटाई (द) मसाहत

451. निम्नलिखित में से कौन सा कर गैर-मुसलिम जिम्मी लोगों से वसूल किया जाता था?

(अ) जकात (ब) उश्र

(स) जजिया (द) खराज

452. अलाउद्दीन खिलजी ने बाजार से संबंधित गुप्त सूचनाओं के लिए एक विशेष कर्मचारी की नियुक्ति की थी, उसे क्या कहा जाता था?

(अ) शहना-ए-मंडी (ब) मुन्हीयान

(स) मुहतसिब (द) इनमें से कोई नहीं

453. सल्तनत काल में जकात एक धार्मिक कर था, जो केवल मुसलमानों से लिया जाता था, यह संपत्ति का कितना होता था?

(अ) 40 वाँ हिस्सा (ब) 25 वाँ हिस्सा

(स) 10 वाँ हिस्सा (द) 20 वाँ हिस्सा

☐

उत्तर के लिए कृपया पृष्ठ सं. 159 देखें।

12

ऐतिहासिक महत्त्व के स्थल एवं इमारतें

454. लालकोट नामक शहर की स्थापना 1060 ई. के लगभग किस तोमरवंशी शासक ने की थी?

(अ) अनंगपाल (ब) अनंगपाल द्वितीय
(स) नारायण पाल (द) जयपाल

455. अकबर ने इबादतखाना का निर्माण 1751 ई. में कहाँ करवाया?

(अ) आगरा (ब) दिल्ली
(स) फतेहपुर सीकरी (द) इनमें से कोई नहीं

456. कुतुबमीनार का निर्माण कार्य यद्यपि कुतुबुद्दीन ऐबक ने करवाया था, परंतु उसे पूर्ण किसने करवाया?

(अ) इल्तुतमिश (ब) रजिया बेगम
(स) कुतुबुद्दीन ऐबक (द) इनमें से कोई नहीं

457. फतेहपुर सीकरी में 1602 ई. में अकबर ने अपनी दक्कन विजय के उपलक्ष्य में कौन सी प्रसिद्ध ऐतिहासिक इमारत बनवाई?

(अ) पंचमहल (ब) जामा मसजिद
(स) बुलंद दरवाजा (द) दीवाने खास

458. 1360 ई. में जौनपुर शहर की स्थापना किसने की थी?

(अ) गयासुद्दीन तुगलक (ब) फिरोजशाह तुगलक
(स) मुहम्मद-बिन-तुगलक (द) इनमें से कोई नहीं

459. कंदरिया महादेव का मंदिर कहाँ स्थित है?

उत्तर के लिए कृपया पृष्ठ सं. 159 देखें।

(अ) खजुराहो (ब) अंकोरवाट

(स) पुरी (द) उज्जैन

460. एतमादुद्दौला का मकबरा कहाँ स्थित है ?

(अ) सूरत (ब) आगरा

(स) दिल्ली (द) अहमदाबाद

461. दशावतार का मंदिर निम्नलिखित में से कहाँ स्थित है ?

(अ) मथुरा (ब) अयोध्या

(स) नासिक (द) देवगढ़

462. बीजापुर (कर्नाटक) में 1565 ई. में गोल गुंबद का निर्माण किसने करवाया था ?

(अ) अली आदिलशाह (ब) औरंगजेब

(स) अकबर (द) इनमें से कोई नहीं

463. जयपुर का जंतर-मंतर 1724-27 में किसने बनवाया था ?

(अ) महाराज प्रताप सिंह (ब) सवाई राजा जयसिंह

(स) राजा नरसिंह (द) राजा कुंतलदेव

464. चंदेल राजाओं द्वारा खजुराहो में चौंसठ योगिनी मंदिर कब बनवाया गया ?

(अ) 1025 ई. (ब) 985 ई.

(स) 950 ई. (द) 975 ई.

465. महाराणा कुंभा ने 1448 ई. में चित्तौड़गढ़ में निम्नलिखित में से किस स्मारक का निर्माण करवाया था ?

(अ) कीर्ति स्तंभ (ब) विजय स्तंभ

(स) राणा स्मारक (द) इनमें से कोई नहीं

466. अजमेर में तारागढ़ का किला 1114 ई. में किसने बनवाया था ?

(अ) राजा अजयपाल (ब) राजा उम्मेद सिंह

(स) राजा जोधाजी द्वितीय (द) सवाई राजा जयसिंह

467. नई दिल्ली में स्थित जंतर-मंतर का निर्माण सवाई राजा जयसिंह ने कब करवाया था ?

(अ) 1722 ई. (ब) 1724 ई.

(स) 1732 ई. (द) 1734 ई.

उत्तर के लिए कृपया पृष्ठ सं. 159 देखें।

468. राजस्थान में भरतपुर का किला किस शासक द्वारा बनवाया गया था?
(अ) राजा विमलशाह (ब) राजा विनयसिंह
(स) राजा सूरजमल (द) राजा नरसिंह

469. सुल्तानगढ़ी के नाम से निम्नलिखित में से किसका मकबरा दिल्ली में बनवाया गया है?
(अ) इल्तुतमिश (ब) नासिरुद्दीन महमूद
(स) रजिया बेगम (द) इनमें से कोई नहीं

470. 1505 ई. में आगरा नगर की स्थापना किसने की थी?
(अ) अकबर (ब) औरंगजेब
(स) शाहजहाँ (द) सिकंदर लोदी

471. तुगलकाबाद की नींव निम्नलिखित में से किसने डाली थी?
(अ) मुहम्मद-बिन-तुगलक (ब) गयासुद्दीन तुगलक
(स) फिरोजशाह तुगलक (द) इनमें से कोई नहीं

472. 1587 ई. में राजा रायसिंह ने राजस्थान के किस स्थान पर जूनागढ़ किले का निर्माण करवाया था?
(अ) भरतपुर (ब) आबू
(स) बीकानेर (द) अजमेर

□

उत्तर के लिए कृपया पृष्ठ सं. 159 देखें।

13

मराठा राज्य और महासंघ

473. छत्रपति शिवाजी के जीवन पर किसका सर्वाधिक असर पड़ा था?
(अ) जीजाबाई (ब) दादाजी कोंडदेव
(स) जाधव राव (द) शाहजी भोंसले

474. शिवाजी के गुरु कौन थे?
(अ) तुकाराम (ब) एकनाथ
(स) समर्थ गुरु रामदास (द) दादाजी कोंडदेव

475. शिवाजी ने हिंदू रीति के अनुसार रायगढ़ में अपना राज्याभिषेक कराकर 'छत्रपति' की उपाधि कब धारण की?
(अ) 1640 ई. (ब) 1664 ई.
(स) 1670 ई. (द) 1680 ई.

476. मराठों के आधिपत्य-क्षेत्र में भूमि के माप की इकाई कौन सी थी?
(अ) जरीब (ब) काठी
(स) दफ्तरी बीघा (द) तनब

477. निम्नलिखित अष्ट प्रधानों में से किसे 'सुरुनवीस' या 'चिटनिस' कहा जाता था?
(अ) पंडित राव (ब) सचिव
(स) अमात्य (द) सुमंत

478. शिवाजी के राज्य में गाँवों में लगान वसूली की जिम्मेदारी किस पर थी?
(अ) कुलकर्णी (ब) सिलहदार
(स) पटेल और पाटिल (द) मिरासदार

उत्तर के लिए कृपया पृष्ठ सं. 159 देखें।

479. मुगलों के साथ लड़ाई में रायगढ़ के पतन के बाद मराठा प्रशासन की राजधानी कौन सी थी ?

(अ) कोल्हापुर (ब) पुणे

(स) सूपा (द) सतारा

480. शिवाजी का बेड़ा कहाँ पर स्थित था ?

(अ) कोलाबा (ब) बसीन

(स) सलसेत (द) सूरत

481. शिवाजी ने बीजापुर के पहाड़ी दुर्ग तोरण पर कब अधिकार किया ?

(अ) 1646 ई. (ब) 1656 ई.

(स) 1660 ई. (द) 1662 ई.

482. 'नाना साहब' के नाम से कौन प्रसिद्ध था ?

(अ) नाना फड़नवीस (ब) बाजीराव द्वितीय

(स) बालाजी बाजीराव (द) बाजीराव प्रथम

483. पेशवा कौन थे ?

(अ) देवगिरि के यादवों के वंशज (ब) भोंसले मराठा

(स) मालवीय ब्राह्मण (द) चिटपवाँ ब्राह्मण

484. पेशवा बाजीराव प्रथम ने पुर्तगालियों को पराजित करके सालसट तथा बेसीन के द्वीपों पर कब अधिकार कर लिया ?

(अ) 1745 ई. (ब) 1749 ई.

(स) 1739 ई. (द) 1740 ई.

485. पेशवा बाजीराव प्रथम के समय निम्नलिखित में से किस क्षेत्र पर विजय प्राप्त नहीं हुई थी ?

(अ) बुंदेलखंड (ब) गुजरात

(स) मालवा (द) उड़ीसा

486. किस पेशवा के समय मराठा शक्ति पराकाष्ठा पर पहुँच गई थी ?

(अ) नारायणराव (ब) माधवराव प्रथम

(स) बालाजी द्वितीय (द) बाजीराव द्वितीय

487. बाजीराव प्रथम अपने किस विरोधी पर काबू पाने के लिए जीवन भर प्रयास करते रहे ?

उत्तर के लिए कृपया पृष्ठ सं. 159 देखें।

(अ) निजाम-उल-मुल्क (ब) हैदर अली
(स) सैयद हुसैन अली (द) मुहम्मद शाह

488. किस पेशवा ने पानीपत की तीसरी लड़ाई के बाद मराठा साम्राज्य का सोया भाग्य जगा दिया ?
(अ) माधवराव प्रथम (ब) बालाजी द्वितीय
(स) रघुनाथराव (द) बालाजी बाजीराव

489. उत्तरी भारत में मराठों की धाक जमाने के लिए बालाजी बाजीराव ने किसे भेजा था, जिसने दिल्ली तक धावा मारकर अहमदशाह अब्दाली के प्रतिनिधि को मार भगाया ?
(अ) सदाशिवराव (ब) गायकवाड़
(स) रघुनाथराव (द) होल्कर

490. किस पेशवा के समय अंग्रेजों ने 'पेशवा' की पदवी समाप्त कर दी ?
(अ) माधवराव (ब) रघुनाथराव
(स) बाजीराव द्वितीय (द) नारायणराव

491. मराठा राज्य को सुदृढ़ करने के उद्देश्य से किसने 1717 ई. में सैयद बंधु हुसैन अली से संधि कर ली, जिससे मराठों को दक्षिण के मुगल प्रांतों में चौथ और सरदेशमुखी कर वसूलने का अधिकार मिल गया ?
(अ) बालाजी विश्वनाथ (ब) बाजीराव प्रथम
(स) बालाजी बाजीराव (द) रघुनाथराव

492. नाना फड़नवीस को मराठा प्रशासन में कौन सा ओहदा प्राप्त था ?
(अ) मुख्य लेखाकार (ब) सेनापति
(स) प्रतिनिधि (द) पेशवा

493. मराठा इतिहास में सबसे ज्यादा बदनाम मराठा कौन था ?
(अ) सदाशिवराव भाऊ (ब) रघुनाथराव
(स) विश्वासराव (द) ताराबाई

494. पानीपत की तीसरी लड़ाई से पहले किसकी सहायता से मराठा अस्थायी तौर पर अपनी रक्षा कर पाए थे ?
(अ) राजपूत (ब) रोहिल्ला
(स) जाट (द) सिख

उत्तर के लिए कृपया पृष्ठ सं. 159-160 देखें।

495. शिवाजी की लगातार सफलताओं से भयभीत होकर औरंगजेब ने उनका दमन करने के लिए दक्षिण का सूबेदार बनाकर किसे भेजा?

(अ) राजा जयसिंह (ब) अफजल खाँ

(स) शाइस्ता खाँ (द) इनमें से कोई नहीं

496. पानीपत की तीसरी लड़ाई में मराठा सेनाओं की कमान वस्तुत: किसके हाथ में थी?

(अ) सदाशिवराव भाऊ (ब) नाना फड़नवीस

(स) मल्हारराव होल्कर (द) विश्वासराव

497. पानीपत की तीसरी लड़ाई के समय पेशवा कौन था?

(अ) बाजीराव प्रथम (ब) बालाजी बाजीराव

(स) माधवराव प्रथम (द) बालाजी द्वितीय

498. पानीपत की तीसरी लड़ाई में मराठा तोपखाने का प्रमुख कौन था?

(अ) विश्वासराव (ब) मल्हारराव होल्कर

(स) इब्राहीम खाँ गार्दी (द) सदाशिवराव भाऊ

499. किस मराठा प्रमुख ने पहले अंग्रेजों के साथ संघ बनाने के लिए सहमति नहीं दी और जब बाद में वह युद्ध में आया, तब तक काफी देर हो चुकी थी?

(अ) गायकवाड़ (ब) भोंसले

(स) होल्कर (द) सिंधिया

500. अठारहवीं शताब्दी में मराठा नौसेना का विकास किसने किया था?

(अ) सिद्दी (ब) अँगरिया

(स) गायकवाड़ (द) सिंधिया

501. पानीपत की तीसरी लड़ाई में मराठा सेनाओं का प्रधान सेनापति कौन था?

(अ) दत्ताजी सिंधिया (ब) मल्हारराव होल्कर

(स) सदाशिवराव भाऊ (द) विश्वासराव

502. किसके अनुरोध पर शिवाजी अपने पुत्र शंभाजी के साथ मुगल दरबार में उपस्थित हुए थे, जहाँ उन्हें अपमानित करके बंदीगृह में डाल दिया गया; किंतु शिवाजी बड़ी चालाकी से वहाँ से भाग निकले?

(अ) अफजल खाँ (ब) शाइस्ता खाँ

(स) राजा जयसिंह (द) इनमें से कोई नहीं

उत्तर के लिए कृपया पृष्ठ सं. 160 देखें।

503. कौन से दो मराठा राज्य निरंतर परस्पर लड़ते रहे ?

(अ) होल्कर-सिंधिया (ब) होल्कर-गायकवाड़

(स) सिंधिया-भोंसले (द) गायकवाड़-दभाड़े

504. किस इतिहासकार ने पानीपत की तीसरी लड़ाई का आँखों देखा वर्णन किया है ?

(अ) खफी खाँ (ब) दत्ताजी पिंगले

(स) हरचरन दास (द) काशीराज पंडित

505. निम्नलिखित में किसे 'बृहत्तर महाराष्ट्र का निर्माता' माना जाता है ?

(अ) बाजीराव प्रथम (ब) नाना फड़नवीस

(स) महादजी सिंधिया (द) साहू

506. सन् 1760 में बालाजी बाजीराव ने मराठा शक्ति को सीमा तक पहुँचाने में खास तौर पर किससे सहायता और मार्गदर्शन माँगा था ?

(अ) सदाशिवराव भाऊ (ब) रघुनाथराव

(स) माधवजी सिंधिया (द) राघोजी भोंसले

507. शिवाजी के समय में मराठा प्रशासन की आय का प्रमुख स्रोत चौथ कर था; यह राज्यों की आय का कितना भाग लिया जाता था ?

(अ) 1/6 (ब) 1/8

(स) 1/10 (द) 1/4

508. इनमें से किसने अंग्रेजों के खिलाफ मराठा सरदारों का संघ बनाने की दिशा में पहल की थी ?

(अ) गायकवाड़ (ब) होल्कर

(स) सिंधिया (द) पेशवा

509. राजाराम की मृत्यु के बाद उसकी विधवा ताराबाई ने किसकी ओर से शासन किया था ?

(अ) शिवाजी प्रथम

(ब) पुत्र शंभाजी द्वितीय

(स) शंभाजी का पुत्र साहू

(द) अपने अवयस्क पुत्र शिवाजी द्वितीय

उत्तर के लिए कृपया पृष्ठ सं. 160 देखें।

510. निम्नलिखित में से किसने पालखेड़ के युद्ध में हैदराबाद के निजाम को पराजित किया?

(अ) बालाजी विश्वनाथ (ब) बाजीराव प्रथम

(स) शंभाजी (द) राजाराम

☐

उत्तर के लिए कृपया पृष्ठ सं. 160 देखें।

आधुनिक भारत

14

मुगल साम्राज्य का पतन और स्वतंत्र राज्यों (रियासतों) का अभ्युदय

511. सन् 1608 में कैप्टन विलियम हॉकिंस ने मुगल दरबार से किस स्थान पर फैक्टरी लगाने की अनुमति माँगी ?

(अ) सूरत (ब) मुसुलीपटनम

(स) मद्रास (द) कलकत्ता

512. मुगल बादशाह द्वारा 'नवाब' की पदवी प्राप्त करनेवाला पहला फ्रांसीसी गवर्नर कौन था ?

(अ) फ्रैंकोस मार्टिन (ब) अल्बुकर्क

(स) डि अल्मीडा (द) बेनास्ट ड्यूमस

513. किस मुगल सेनापति ने शिवाजी को धोखे से पराजित कर उन्हें पुरंदर की संधि में शामिल होने के लिए बाध्य कर दिया ?

(अ) राजा जसवंत सिंह (ब) शाइस्ता खाँ

(स) मिर्जा राजा जयसिंह (द) शहजादा मुअज्जम

514. किस मुगल बादशाह ने अंग्रेजों को बंगाल, गुजरात और हैदराबाद क्षेत्र में कर-मुक्त व्यापार करने की अनुमति दी थी ?

(अ) मुहम्मदशाह (ब) फर्रुखशियर

(स) जहाँदारशाह (द) बहादुरशाह

515. मुगल बादशाह शाहआलम को दिल्ली के सिंहासन पर किसने बैठाया ?

(अ) नारायणराव (ब) माधवराव

(स) महादजी सिंधिया (द) रघुनाथराव

उत्तर के लिए कृपया पृष्ठ सं. 160 देखें।

516. फर्रुखशियर का तख्ता पलटने में सैयद भाइयों की सहायता किसने की ?

(अ) बालाजी बाजीराव (ब) राजाराम

(स) बालाजी विश्वनाथ (द) नारायणराव

517. औरंगजेब के पुत्रों में छिड़े उत्तराधिकार संबंधी युद्ध में कौन विजयी रहा ?

(अ) रुशान अख्तर (ब) खैफी खाँ

(स) जुल्फिकार खाँ (द) बहादुरशाह

518. बंगाल के नवाब सिराजुद्दौला ने अंग्रेजों की कलकत्ता की कोठी पर कब आक्रमण किया था, जिसमें भारतीय सेनाओं ने अंग्रेजों को बुरी तरह पराजित किया ?

(अ) 16 जून, 1756 (ब) 10 मई, 1746

(स) 25 जून, 1748 (द) इनमें से कोई नहीं

519. रॉबर्ट क्लाइव ने चंद्रनगर पर आक्रमण करके उसे अपने अधिकार में कर लिया; इससे बंगाल में अंग्रेजों की स्थिति सुदृढ़ हो गई। यह आक्रमण उसने कब किया था ?

(अ) 1756 ई. (ब) 1746 ई.

(स) 1757 ई. (द) 1758 ई.

520. 'पटना हत्याकांड' से निम्नलिखित में से कौन संबंधित है ?

(अ) मीर कासिम (ब) मीर जाफर

(स) सिराजुद्दौला (द) शुजाउद्दौला

521. अवध के नवाब शुजाउद्दौला और मुगल बादशाह शाहआलम तथा रॉबर्ट क्लाइव के मध्य इलाहाबाद की संधि कब हुई थी ?

(अ) 1764 ई. (ब) 1765 ई.

(स) 1766 ई. (द) 1772 ई.

522. शाहआलम द्वितीय सिंहासन पर कब बैठा ?

(अ) सन् 1763 (ब) सन् 1761

(स) सन् 1759 (द) सन् 1740

523. मुगल साम्राज्य के पतन के बाद इनमें से किस स्वतंत्र तथा अर्द्ध-स्वतंत्र रियासत का अभ्युदय नहीं हुआ था ?

(अ) अवध (ब) मद्रास

(स) बंगाल (द) हैदराबाद

उत्तर के लिए कृपया पृष्ठ सं. 160 देखें।

524. सिखों ने मुगलों से लौहगढ़ किला कब जीता था?
(अ) सन् 1712 (ब) सन् 1716
(स) सन् 1714 (द) सन् 1710

525. मुर्शीद कुली को बंगाल का गवर्नर कब बनाया गया?
(अ) सन् 1721 (ब) सन् 1718
(स) सन् 1717 (द) सन् 1701

526. अवध की स्वायत्त रियासत का संस्थापक कौन था?
(अ) नुसरत जंग (ब) सादत खाँ बरहाम-उल-मुल्क
(स) निजाम-उल-मुल्क (द) सफदरजंग

527. किस वर्ष आंग्ल-मैसूर की दूसरी लड़ाई में हैदर अली की मृत्यु हो गई?
(अ) सन् 1769 (ब) सन् 1770
(स) सन् 1782 (द) सन् 1780

528. बंगाल के नवाब सिराजुद्दौला और रॉबर्ट क्लाइव के बीच प्लासी का युद्ध कब हुआ था, जिसमें मीर जाफर के देशद्रोह के कारण सिराजुद्दौला की हार हुई?
(अ) 23 जून, 1756 (ब) 23 जून, 1757
(स) 20 जुलाई, 1749 (द) 20 जुलाई, 1753

529. किस राज्य का शासक 'जमोरिन' कहलाता था?
(अ) त्रावणकोर (ब) कालीकट
(स) कोचीन (द) चिरक्काल

530. इनमें से किसने उत्तरी केरल पर कब्जा कर लिया था?
(अ) हैदर अली (ब) नंजराज
(स) देवराज (द) टीपू सुल्तान

531. किस वर्ष हैदर अली ने नंजराज को हराकर मैसूर राज्य पर अपना प्रभुत्व स्थापित किया?
(अ) सन् 1760 (ब) सन् 1761
(स) सन् 1755 (द) सन् 1769

532. मार्तंड वर्मा कहाँ का शासक था?
(अ) क्विलोन (ब) चिरक्काल
(स) त्रावणकोर (द) कोचीन

उत्तर के लिए कृपया पृष्ठ सं. 160 देखें।

533. प्लासी के युद्ध के बाद बंगाल का नवाब किसे बनाया गया?

(अ) शुजाउद्दौला (ब) अली गौहर

(स) मीर कासिम (द) मीर जाफर

534. श्रीरंगपट्टनम में 'स्वतंत्रता-वृक्ष' (Tree of Liberty) किसने लगाया था?

(अ) टीपू सुल्तान (ब) नंजराज

(स) देवराज (द) हैदर अली

535. किसने सरफराज खाँ शुजाउद्दीन की हत्या करके स्वयं को बंगाल का नवाब घोषित किया था?

(अ) मजीद खाँ (ब) बसीत खाँ

(स) अलीवर्दी खाँ (द) सादत खाँ

536. कलकत्ता की कौंसिल ने मीर जाफर को बंगाल की नवाबी से हटाकर मीर कासिम को पुन: बंगाल का नवाब कब बनाया?

(अ) 27 सितंबर, 1759 (ब) 27 दिसंबर, 1760

(स) 22 अक्तूबर, 1762 (द) इनमें से कोई नहीं

537. मुगल बादशाह शाहआलम के पुत्र अली गौहर ने बंगाल पर कब आक्रमण किया, जिसके मुकाबले में अंग्रेजों की सेना के आ जाने के कारण वह लौट आया?

(अ) सन् 1762 (ब) सन् 1760

(स) सन् 1759 (द) सन् 1758

538. किस अवधि में अहिल्याबाई होल्कर ने सफलतापूर्वक इंदौर का शासन चलाया था?

(अ) सन् 1769-80 (ब) सन् 1762-69

(स) सन् 1760-90 (द) सन् 1766-96

539. किस व्यक्ति को 'जाट जाति का प्लेटो' कहा जाता था?

(अ) सूरजमल (ब) चूड़ामन

(स) चंदगीराम (द) चंद्रभान

540. निम्नलिखित में से किस घटना के कारण अंग्रेजों के हाथों में व्यापारिक शक्ति के अतिरिक्त राजनीतिक शक्ति भी आ गई और उनकी स्थिति अत्यधिक सुदृढ़ हो गई?

उत्तर के लिए कृपया पृष्ठ सं. 160 देखें।

(अ) प्लासी का युद्ध (ब) इलाहाबाद की संधि
(स) बक्सर का युद्ध (द) अलीनगर की संधि

541. किसके शासन में बंगाल और अवध स्वतंत्र राज्य बन गए?
(अ) मुहम्मदशाह (ब) जहाँदारशाह
(स) शाहआलम द्वितीय (द) फर्रुखशियर

542. 'अलीनगर की संधि' अंग्रेजों और अन्य किसके बीच हुई थी, जिसके अनुसार कंपनी को बंगाल, बिहार तथा उड़ीसा में बिना कर दिए व्यापार करने का अधिकार मिल गया?
(अ) सिराजुद्दौला (ब) मीर जाफर
(स) मीर कासिम (द) शुजाउद्दौला

543. रुहेलखंड की पहली राजधानी कौन सी थी?
(अ) बरेली में ओलन (ब) आगरा के पास हाथरस
(स) मथुरा के पास कोसी (द) अलीगढ़ में अतरौली

544. प्लासी के युद्ध का निम्नलिखित में से क्या महत्त्वपूर्ण परिणाम हुआ?
(अ) भारत का सबसे समृद्ध प्रांत बंगाल अंग्रेजों के प्रभुत्व में आ गया
(ब) क्लाइव और उसके पदाधिकारियों को पर्याप्त धनराशि मिली
(स) बंगाल के शासन की वास्तविक सत्ता नवाब के हाथ में न रहकर अंग्रेजों के हाथ में आ गई
(द) उपर्युक्त सभी

545. किस समय हैदर अली ब्रिटिश सेनाओं को दुबारा हराकर मद्रास की सीमाओं पर पहुँच गया?
(अ) सन् 1765 (ब) सन् 1772
(स) सन् 1770 (द) सन् 1769

546. नवाब सादतुल्लाह खाँ ने किसे अपना उत्तराधिकारी चुना था?
(अ) सफदरजंग (ब) टीपू सुल्तान
(स) दोस्त अली (द) हैदर अली

547. टीपू और अंग्रेजों के बीच 'मंगलौर की संधि' कब हुई थी, जिसके अनुसार दोनों ने एक-दूसरे के जीते हुए प्रदेशों को वापस कर दिया?
(अ) 17 मार्च, 1784 (ब) 22 अप्रैल, 1782
(स) 23 जून, 1785 (द) इनमें से कोई नहीं

उत्तर के लिए कृपया पृष्ठ सं. 160 देखें।

548. वीर बंदा बहादुर के विरुद्ध किस जाट प्रमुख ने बहादुरशाह का साथ दिया था?

(अ) छत्रपाल (ब) छत्रसाल

(स) चंद्रभान (द) चूड़ामन

549. पाटिल बाबा के नाम से प्रसिद्ध ग्वालियर राज्य का शासक कौन था?

(अ) माधवराव सिंधिया (ब) दौलतराव सिंधिया

(स) महादजी सिंधिया (द) इनमें से कोई नहीं

550. जहाँदारशाह किससे पराजित हुआ था, जिसके बाद जनवरी 1717 में उसके शासन का अंत हो गया था?

(अ) अब्दुल्ला खाँ (ब) फर्रुखशियर

(स) मकबूल खाँ (द) हुसैन खाँ

551. हैदराबाद राज्य का संस्थापक कौन था?

(अ) पूरनचंद (ब) सादतुल्लाह खाँ

(स) निजाम-उल-मुल्क (द) दोस्त अली

552. वारेन हेस्टिंग्स ने मुगल बादशाह शाहआलम की 26 लाख रुपए की वार्षिक पेंशन बंद करके उससे कड़ा और इलाहाबाद के जिले छीनकर किसके हाथ बेच दिए?

(अ) बंगाल (ब) अवध

(स) लखनऊ (द) इनमें से कोई नहीं

553. बक्सर की लड़ाई में हार जाने के बाद ईस्ट इंडिया कंपनी के पेंशनभोगी के रूप में शाहआलम द्वितीय कहाँ पर रहा?

(अ) इलाहाबाद (ब) अलीगढ़

(स) कानपुर (द) लखनऊ

554. लौहगढ़ किस सिख गुरु ने बनवाया था?

(अ) गुरु नानक (ब) गुरु रामदास

(स) गुरु गोविंद सिंह (द) गुरु अर्जन देव

☐

उत्तर के लिए कृपया पृष्ठ सं. 160-161 देखें।

15

भारत में अंग्रेजी शासन

555. किस लड़ाई के बाद भारत में अंग्रेजी सत्ता स्थापित हो गई ?
    (अ) पानीपत (ब) वांडीवाश
    (स) बक्सर (द) प्लासी

556. ब्रिटिश सेना ने किस वर्ष दिल्ली पर कब्जा कर लिया था ?
    (अ) सन् 1806 (ब) सन् 1817
    (स) सन् 1801 (द) सन् 1803

557. सन् 1621 में भारत की धरती पर अंग्रेजों ने पहली फैक्टरी कहाँ पर लगाई ?
    (अ) कालीकट (ब) मद्रास
    (स) गोवा (द) सूरत

558. अंग्रेजों की ओर से चतुराईपूर्ण नीति अपनानेवाला और डूप्ले का प्रमुख विरोधी इनमें से कौन था ?
    (अ) रॉबर्ट क्लाइव (ब) लॉर्ड वेलेजली
    (स) क्रिस्टोफर जेकिंस (द) वॉरेन हेस्टिंग्स

559. किस यूरोपीय देश ने सबसे पहले भारत के साथ व्यापार करना शुरू किया था ?
    (अ) इंग्लैंड (ब) हॉलैंड
    (स) पुर्तगाल (द) फ्रांस

560. सन् 1639 में अंग्रेजों ने किस शासक से मद्रास शहर का पट्टा लिया ?
    (अ) चंद्रगिरि के शासक (ब) बीजापुर के शासक
    (स) मैसूर के शासक (द) कर्नाटक के शासक

उत्तर के लिए कृपया पृष्ठ सं. 161 देखें।

561. भारत में सबसे पहले कौन सा अंग्रेज आया था?

(अ) एडवर्ड टैरी (ब) विलियम हॉकिंस

(स) सर थॉमस रो (द) थॉमस स्टीवंस

562. किसके शासन काल में फारसी भाषा के स्थान पर उर्दू भाषा को अदालतों की भाषा स्वीकार किया गया?

(अ) लॉर्ड विलियम वेंटिक (ब) वॉरेन हेस्टिंग्स

(स) लॉर्ड रिपन (द) लॉर्ड केनिंग

563. अमृतसर की संधि (सन् 1809) महाराजा रणजीत सिंह और अन्य किसके बीच हुई थी?

(अ) अंग्रेज (ब) रूसी

(स) होल्कर (द) अफगान

564. बक्सर की लड़ाई में ब्रिटिश सेनाओं का नेतृत्व किसने किया था?

(अ) वॉरेन हेस्टिंग्स (ब) हैक्टर मुनरो

(स) कार्नेक (द) रॉबर्ट क्लाइव

565. पहली बार भारत का गवर्नर जनरल किसे बनाया गया?

(अ) वॉरेन हेस्टिंग्स (ब) वेलेजली

(स) कॉर्नवालिस (द) क्लाइव

566. सिंध को ब्रिटिश साम्राज्य में कब मिलाया गया?

(अ) सन् 1840 (ब) सन् 1842

(स) सन् 1843 (द) सन् 1844

567. महाराजा रणजीत सिंह के सिख राज्य की राजधानी कहाँ थी?

(अ) मुल्तान (ब) लाहौर

(स) अमृतसर (द) पेशावर

568. किसके शासन के अंतर्गत भारत में ब्रिटिश साम्राज्य संपूर्ण भारत का ब्रिटिश साम्राज्य बन गया था?

(अ) लॉर्ड डलहौजी (ब) वॉरेन हेस्टिंग्स

(स) लॉर्ड कॉर्नवालिस (द) लॉर्ड वेलेजली

569. किस गवर्नर जनरल के शासनकाल में पिंडारियों का दमन हुआ था?

(अ) लॉर्ड डलहौजी (ब) वॉरेन हेस्टिंग्स

(स) लॉर्ड वेलेजली (द) लॉर्ड कार्नवालिस

उत्तर के लिए कृपया पृष्ठ सं. 161 देखें।

570. लॉर्ड डलहौजी की राज्य अपहरण नीति का पहला शिकार सन् 1848 में कौन सा राज्य हुआ?

(अ) अवध (ब) झाँसी

(स) सतारा (द) बरार

571. सिंध को ब्रिटिश साम्राज्य में मिलाने के लिए चलाए गए अभियान का नेतृत्व किसने किया?

(अ) सर चार्ल्स नेपियर (ब) लॉर्ड हार्डिंग

(स) सर डी. लॉरेंस (द) लॉर्ड गफ

572. भारत में ब्रिटिश सत्ता स्थापित करने के लिए लॉर्ड वेलेजली ने कौन सी कपट नीति अपनाई थी?

(अ) भारतीय राज्यों का विलय (ब) मध्यस्थता

(स) सहायक संधि (द) अधिग्रहण की नीति

573. किस वर्ष सिंध को सहायक संधि करने के लिए मजबूर किया गया?

(अ) सन् 1843 (ब) सन् 1839

(स) सन् 1840 (द) सन् 1838

574. वॉरेन हेस्टिंग्स सरकारी कोषागार को मुर्शिदाबाद से हटाकर कहाँ ले गया था?

(अ) पटना (ब) माल्दा

(स) ढाका (द) कलकत्ता

575. शुजाउद्दौला कहाँ का शासक था, जिसे बाद में बक्सर की लड़ाई में अंग्रेजों ने हरा दिया था?

(अ) हुगली (ब) मुर्शिदाबाद

(स) अवध (द) ढाका

576. किस वर्ष दक्षिण भारत पर ईस्ट इंडिया कंपनी का राजनीतिक नियंत्रण स्थापित हो गया?

(अ) सन् 1790 (ब) सन् 1780

(स) सन् 1770 (द) सन् 1760

577. भारत का कौन सा स्वतंत्र राज्य भारतीय ब्रिटिश साम्राज्य में सबसे अंत में शामिल किया गया था?

(अ) पंजाब (ब) असम

(स) कश्मीर (द) सिंध

उत्तर के लिए कृपया पृष्ठ सं. 161 देखें।

578. लॉर्ड डलहौजी ने अपनी राज्य अपहरण नीति के अंतर्गत अवध राज्य को हड़पकर वहाँ के नवाब वाजिद अली शाह को नजरबंद करके कहाँ रखा था ?

(अ) इलाहाबाद (ब) लखनऊ

(स) मद्रास (द) कलकत्ता

579. ईस्ट इंडिया कंपनी ने जमींदारों के साथ कितने वर्ष तक के लिए स्थायी बंदोबस्त किया था ?

(अ) बीस वर्ष (ब) पाँच वर्ष

(स) पंद्रह वर्ष (द) दस वर्ष

580. 1848 में द्वितीय आंग्ल-सिख युद्ध के बाद सिख राज्य का अंत हो गया। अंग्रेजों और सिखों के बीच यह युद्ध किस स्थान पर लड़ा गया था ?

(अ) मुलतान (ब) लाहौर

(स) गुजरात (द) चिलियाँवाला

581. किस अधिनियम के तहत ईस्ट इंडिया कंपनी ब्रिटिश सरकार के नियंत्रण में लाई गई ?

(अ) चार्टर अधिनियम, 1833

(ब) चार्टर अधिनियम, 1813

(स) पिट्स इंडिया अधिनियम, 1784

(द) नियमन अधिनियम, 1773

582. किस गवर्नर जनरल के शासन काल में न्याय विभाग में भारतीयों की नियुक्ति ऊँचे पदों पर होने लगी और उनके वेतन में भी बढ़ोतरी की गई ?

(अ) लॉर्ड वेलेजली (ब) लॉर्ड हार्डिंग

(स) विलियम वेंटिक (द) लॉर्ड रिपन

583. ईस्ट इंडिया कंपनी ने द्वैध शासन प्रणाली कब खत्म कर दी ?

(अ) सन् 1772 (ब) सन् 1771

(स) सन् 1773 (द) सन् 1770

584. रैयतबाड़ी व्यवस्था किसने शुरू की थी ?

(अ) शोर और हेस्टिंग्स (ब) शोर और मुनरो

(स) शोर और रीड (द) रीड और मुनरो

उत्तर के लिए कृपया पृष्ठ सं. 161 देखें।

585. सबसे ऊँची बोली लगानेवाले को राजस्व की वसूली के अधिकार की नीलामी किसने शुरू की?

(अ) वॉरेन हेस्टिंग्स (ब) लॉर्ड वेलेजली

(स) थॉमस मुनरो (द) लॉर्ड कॉर्नवालिस

586. भारत में पुलिस की व्यवस्था किसने शुरू की?

(अ) कॉर्नवालिस (ब) रिपन

(स) वेलेजली (द) केनिंग

587. भारत में डाक टिकटें किसने चलवाईं?

(अ) लॉर्ड डलहौजी (ब) लॉर्ड रिपन

(स) लॉर्ड मिंटो (द) लॉर्ड केनिंग

588. किस वर्ष ईस्ट इंडिया कंपनी व्यापारिक निगम के स्थान पर उपनिवेशवादी सत्ता में बदल गई थी?

(अ) सन् 1858 (ब) सन् 1650

(स) सन् 1680 (द) सन् 1757

589. कलकत्ता से दिल्ली तक ग्रैंड ट्रंक रोड (जी.टी. रोड) का निर्माण-कार्य सन् 1839 में शुरू हुआ था। यह कार्य कब समाप्त हुआ?

(अ) सन् 1869 (ब) सन् 1840

(स) सन् 1862 (द) सन् 1860 के दशक में

590. सन् 1855 में बंगाल में पहली जूट मिल कहाँ स्थापित की गई?

(अ) बुरहानपुर (ब) रिसरा

(स) माल्दा (द) हुगली

591. लॉर्ड वेलेजली की सहायक संधि में निम्नलिखित में से कौन सी शर्त शामिल थी?

(अ) देशी राजा को अपने दरबार में एक अंग्रेज रेजीडेंट रखना होता था

(ब) देशी राजा को अपने राज्य में अपने ही खर्च पर एक अंग्रेजी सेना रखनी होती थी

(स) अंग्रेजों की आज्ञा के बिना देशी राजा किसी विदेशी को नौकर नहीं रख सकता था

(द) उपर्युक्त सभी

उत्तर के लिए कृपया पृष्ठ सं. 161 देखें।

592. इंग्लैंड की पार्लियामेंट में चार्टर एक्ट कब पारित किया गया, जिसके अनुसार कंपनी का चाय के व्यापार पर एकाधिकार हो गया और अन्य वस्तुओं से अन्य वस्तुओं के व्यापार पर से उसके एकाधिकार का अंत हो गया।

(अ) 1810 ई. (ब) 1812 ई.

(स) 1813 ई. (द) 1815 ई.

593. सिविल सर्विस में भरती के लिए युवाओं की शिक्षा के लिए कलकत्ता में फोर्ट विलियम कॉलेज की स्थापना किसने की?

(अ) लॉर्ड रिपन (ब) वॉरेन हेस्टिंग्स

(स) लॉर्ड वेलेजली (द) लॉर्ड कॉर्नवालिस

594. रैयतबाड़ी प्रणाली के संबंध में निम्नलिखित में से कौन सा कथन सही है?

(अ) यह भू-राजस्व की एक प्रणाली थी

(ब) इसकी शुरुआत मद्रास व बंबई से हुई

(स) इस प्रणाली के अनुसार ग्रामों के समूह पुराने जमींदारों के पास रहते थे

(द) उपर्युक्त सभी

595. प्रथम फैक्टरी कानून किस वर्ष पास किया गया?

(अ) सन् 1881 (ब) सन् 1871

(स) सन् 1861 (द) सन् 1851

596. पहली रेलवे लाइन कहाँ से कहाँ तक बनाई गई और यातायात के लिए किस वर्ष खोली गई?

(अ) बंबई से बड़ौदा; 1853 (ब) बंबई से सूरत; 1850

(स) बंबई से थाणे; 1853 (द) बंबई से पुणे; 1851

597. किस यूरोपीय देश ने भारतीय कपड़े के आयात पर रोक नहीं लगाई थी?

(अ) डेनमार्क (ब) हॉलैंड

(स) फ्रांस (द) जर्मनी

598. वॉरेन हेस्टिंग्स के शासनकाल में निम्नलिखित में से कौन सी महत्त्वपूर्ण घटना घटी थी?

(अ) इलाहाबाद की संधि (ब) रोहिल्लों के खिलाफ युद्ध

(स) अवध का विलय (द) प्रथम आंग्ल-मैसूर युद्ध

☐

उत्तर के लिए कृपया पृष्ठ सं. 161 देखें।

16

अंग्रेजी शासन के खिलाफ विद्रोह

599. सन् 1857 की क्रांति कहाँ से शुरू हुई थी?

(अ) इलाहाबाद (ब) प्लासी
(स) मेरठ (द) कलकत्ता

600. सन् 1857 की क्रांति के संबंध में कौन सा कथन सही है?

(अ) मध्य वर्ग ने समर्थन नहीं किया
(ब) उचित नेतृत्व नहीं था
(स) राजपूतों ने सहयोग नहीं दिया
(द) वह पंजाब में नहीं फैली

601. सन् 1857 के स्वतंत्रता संग्राम के किस नेता को अंग्रेजों ने सबसे अंत में हराया था?

(अ) तात्या टोपे (ब) अजीमुल्ला खाँ
(स) बेगम हजरत महल (द) रानी लक्ष्मीबाई

602. सन् 1857 में मेरठ में तीसरी पैदल सेना ने किस दिन विद्रोह किया था?

(अ) 10 मई (ब) 10 अप्रैल
(स) 10 मार्च (द) 10 फरवरी

603. कानपुर में सन् 1857 की क्रांति का नेतृत्व किसने किया था?

(अ) तात्या टोपे (ब) रानी लक्ष्मीबाई
(स) नाना फड़नवीस (द) नाना साहब

604. भारत का पहला ब्रिटिश वाइसराय कौन था?

उत्तर के लिए कृपया पृष्ठ सं. 161 देखें।

(अ) लॉर्ड केनिंग (ब) लॉर्ड लिटन
(स) लॉर्ड डलहौजी (द) लॉर्ड कर्जन

605. लखनऊ में सन् 1857 की क्रांति का नेतृत्व किसने किया था?
(अ) नाना साहब (ब) मंगल पांडे
(स) बेगम हजरत महल (द) कुँअर सिंह

606. इनमें से कौन सी घटना सन् 1857 की क्रांति के कारणों से नहीं जुड़ी?
(अ) वर्नाक्युलर प्रेस अधिनियम (ब) गोमांस से युक्त कारतूस
(स) सैनिकों में असंतोष (द) अवध का विलय

607. सन् 1857 की क्रांति के समय भारत का गवर्नर जनरल कौन था?
(अ) लॉर्ड डलहौजी (ब) लॉर्ड केनिंग
(स) लॉर्ड रिपन (द) लॉर्ड एल्गिन प्रथम

608. किसके शासनकाल में अवध को ब्रिटिश साम्राज्य में मिला लिया गया था?
(अ) लॉर्ड रिपन (ब) वॉरेन हेस्टिंग्स
(स) लॉर्ड केनिंग (द) लॉर्ड डलहौजी

609. मेरठ में सन् 1857 की क्रांति छिड़ने से पहले 8 अप्रैल, 1857 को शहीद होनेवाले मंगल पांडे को कहाँ पर फाँसी दी गई थी?
(अ) इलाहाबाद (ब) बैरकपुर
(स) भागलपुर (द) फैजाबाद

610. 1857 की क्रांति की असफलता का कौन सा कारण सही है?
(अ) क्रांति का सीमित क्षेत्र (ब) समय से पूर्व क्रांति का प्रारंभ
(स) एक लक्ष्य का अभाव (द) उपर्युक्त सभी

611. इनमें से सबसे पहले ब्रिटिश साम्राज्य के विरुद्ध किसने विद्रोह किया था?
(अ) खासी (ब) मुंडा
(स) रंपा (द) संथाल

612. सन् 1830 के दशक में हुए 'वहाबी आंदोलन' का केंद्र कहाँ था?
(अ) हैदराबाद (ब) पटना
(स) लाहौर (द) लखनऊ

613. भारत में ब्रिटिश सरकार ने वहाबी आंदोलन को कब कुचल दिया था?
(अ) सन् 1880 (ब) सन् 1870
(स) सन् 1850 (द) सन् 1882

उत्तर के लिए कृपया पृष्ठ सं. 161 देखें।

614. 1857 की क्रांति के परिणामों में निम्नलिखित में से कौन सा सही है ?

(अ) देशी रियासतों के प्रति अंग्रेजों की नीति में परिवर्तन आया

(ब) अंग्रेजों और भारतीय जनता के बीच खाई और चौड़ी हो गई

(स) देशी नरेशों को गोद लेने का अधिकार दिए जाने का आश्वासन दिया गया

(द) उपर्युक्त सभी

615. 'कूका आंदोलन' क्या था ?

(अ) मुसलिमों द्वारा आरंभ किया गया एक विद्रोही आंदोलन

(ब) भारतीय सैनिकों का विद्रोही आंदोलन

(स) सिखों द्वारा अंग्रेजी राज्य को पंजाब से उखाड़ फेंकने के लिए आंदोलन

(द) इनमें से कोई नहीं

616. 'डाकघर अधिनियम' कब पारित हुआ था, जिसके अंतर्गत सरकार द्वारा कंपनी की सेना के सैनिकों को मिलनेवाला डाक संबंधी विशेषाधिकार वापस ले लिया गया था ?

(अ) सन् 1858 (ब) सन् 1856

(स) सन् 1850 (द) सन् 1854

617. भारतीय शासकों के अलावा निम्नलिखित में से किस वर्ग ने क्रांति में भाग नहीं लिया था ?

(अ) कारीगर (ब) शिक्षित मध्यम वर्ग

(स) किसान (द) इनमें से कोई नहीं

618. फैराजी किसान आंदोलन किस राज्य से संबद्ध था ?

(अ) बंगाल (ब) असम

(स) गुजरात (द) पंजाब

619. 'बाराभासी परिषद्' किसने गठित की ?

(अ) महादजी सिंधिया (ब) माधव नारायणराव

(स) बाजीराव (द) नाना फड़नवीस

620. टीपू सुल्तान को किसने हराया था ?

(अ) जॉन शोर (ब) लॉर्ड डलहौजी

(स) लॉर्ड कॉर्नवालिस (द) लॉर्ड वेलेजली

उत्तर के लिए कृपया पृष्ठ सं. 162 देखें।

621. भारत की राजधानी कलकत्ता से दिल्ली कब स्थानांतरित की गई ?

(अ) सन् 1906 (ब) सन् 1919

(स) सन् 1910 (द) सन् 1911

622. भारत सरकार अधिनियम, 1919 की प्रमुख विशेषता क्या थी ?

(अ) प्रांतीय स्वायत्तता (ब) वयस्क मताधिकार

(स) पृथक् निर्वाचक क्षेत्र (द) इनमें से कोई नहीं

623. सन् 1773 के रेग्यूलेटिंग एक्ट की कमियों को दूर करने के लिए कौन सा अधिनियम पारित किया गया ?

(अ) रोलेट एक्ट (ब) भारत सरकार अधिनियम, 1919

(स) पिट्स इंडिया एक्ट (द) इनमें से कोई नहीं

624. ब्रिटिश साम्राज्य में भारतीय राज्यों के विलय से संबद्ध 'अधिग्रहण की नीति' किसने लागू की ?

(अ) जनरल विंडहैम (ब) लॉर्ड डलहौजी

(स) लॉर्ड वेलेजली (द) लॉर्ड कर्जन

625. किस अधिनियम के अंतर्गत ईस्ट इंडिया कंपनी के राजनीतिक और वाणिज्यिक कार्य अलग-अलग किए गए ?

(अ) चार्टर अधिनियम, 1833

(ब) चार्टर अधिनियम, 1813

(स) पिट्स इंडिया एक्ट, 1784

(द) रेग्यूलेटिंग (नियमन) अधिनियम, 1773

626. राजस्व-वसूली के समूचे तंत्र की निगरानी के लिए वॉरेन हेस्टिंग्स ने 'बोर्ड ऑफ रेवेन्यू' कहाँ स्थापित किया था ?

(अ) हुगली (ब) कलकत्ता

(स) मुर्शिदाबाद (द) ढाका

627. 1857 में सैन्य विद्रोह भड़कने का निकटतम कारण कौन सा था ?

(अ) डलहौजी की राज्य हड़प नीति

(ब) गाय की चर्बी चढ़े कारतूस

(स) ईसाइयत का प्रसार

(द) मुगल बादशाह बहादुरशाह जफर का अपमान

उत्तर के लिए कृपया पृष्ठ सं. 162 देखें।

628. किसके समय तक अंग्रेजों को बंगाल में अपनी स्थिति मजबूत बनाने की अनुमति कभी नहीं मिली?

(अ) शुजाउद्दीन (ब) अलीवर्दी खाँ

(स) मुर्शीद अली खाँ (द) इनमें से कोई नहीं

629. किस गवर्नर जनरल ने सती प्रथा को अवैध घोषित किया था?

(अ) लॉर्ड डलहौजी (ब) लॉर्ड डफरिन

(स) लॉर्ड विलियम वेंटिक (द) लॉर्ड मैकाले

630. 1878 के वर्नाक्युलर प्रेस एक्ट को किसने समाप्त कर दिया था?

(अ) लॉर्ड डलहौजी (ब) एटली

(स) लॉर्ड रिपन (द) लॉर्ड लिटन

631. 1857 के स्वतंत्रता संग्राम का प्रतीक चिह्न क्या था?

(अ) ढाल एवं तलवार (ब) दीपक एवं सूर्य

(स) कमल का फूल और रोटी (द) गुलाब का फूल

632. सन् 1857 के सेनानियों ने भारत के सम्राट् के रूप में किसका राज्याभिषेक किया?

(अ) झाँसी के नाना साहब (ब) तात्या टोपे

(स) शहजादा फखरुद्दीन (द) बहादुरशाह जफर

633. ब्रिटिश शासन के दौरान किस वर्ष देश के सर्वोच्च पद को गवर्नर जनरल से बदलकर वायसराय कर दिया गया?

(अ) सन् 1857 (ब) सन् 1858

(स) सन् 1833 (द) सन् 1878

☐

उत्तर के लिए कृपया पृष्ठ सं. 162 देखें।

17

सामाजिक और सांस्कृतिक जागरण

634. स्वामी विवेकानंद ने वेदांत सोसायटी की स्थापना कहाँ की थी?
(अ) शिकागो (ब) न्यूयॉर्क
(स) सेनफ्रांसिस्को (द) इनमें से कोई नहीं

635. मैडम एच.पी. ब्लावत्स्की ने थियोसॉफिकल सोसाइटी की स्थापना कब की थी?
(अ) सन् 1876 (ब) सन् 1878
(स) सन् 1875 (द) सन् 1877

636. स्वामी विवेकानंद ने रामकृष्ण मिशन की स्थापना कब की थी?
(अ) सन् 1897 (ब) सन् 1867
(स) सन् 1887 (द) सन् 1857

637. आर्य समाज की स्थापना किसने की थी?
(अ) केशवचंद्र सेन (ब) स्वामी दयानंद सरस्वती
(स) राजा राममोहन राय (द) रवींद्रनाथ टैगोर

638. बंबई में आर्य समाज की पहली इकाई कब स्थापित की गई?
(अ) सन् 1875 (ब) सन् 1874
(स) सन् 1872 (द) सन् 1870

639. इनमें से किसने 'इंडियन मिरर' समाचार-पत्र शुरू किया था?
(अ) देवेंद्रनाथ टैगोर (ब) रवींद्रनाथ टैगोर
(स) केशवचंद्र सेन (द) राजा राममोहन राय

उत्तर के लिए कृपया पृष्ठ सं. 162 देखें।

640. राजा राममोहन राय की मृत्यु के बाद किसने ब्रह्म समाज का नेतृत्व ग्रहण कर उसे नवीन चेतना दी?

(अ) रवींद्रनाथ टैगोर (ब) केशवचंद्र सेन

(स) देवेंद्रनाथ टैगोर (द) इनमें से कोई नहीं

641. राजा राममोहन राय ने किस भाषा में 'गिफ्ट टू मोनोथीस्ट्स' की रचना की थी?

(अ) संस्कृत (ब) फारसी

(स) बँगला (द) अंग्रेजी

642. उन्नीसवीं शताब्दी में अहमदिया आंदोलन किसने चलाया था, जो स्वयं को ईसा मसीह का अवतार मानते थे?

(अ) सैयद अहमद बरेलवी (ब) सर सैयद अहमद खाँ

(स) मिर्जा गुलाम अहमद (द) इनमें से कोई नहीं

643. इंडियन ट्रेड यूनियन फेडरेशन के संस्थापक कौन थे?

(अ) लाला लाजपत राय (ब) एन.एम. जोशी

(स) वी.वी. गिरि (द) एम.एन. रॉय

644. 'अखिल भारतीय दलित वर्ग संघ' के संस्थापक कौन थे?

(अ) डॉ. अंबेडकर (ब) सी.एन. मुदलियार

(स) ज्योतिबा फुले (द) महात्मा गांधी

645. 'सत्य शोधक समाज' के प्रवर्तक कौन थे?

(अ) ईश्वरचंद्र विद्यासागर (ब) ज्योतिबा फुले

(स) आर.जी. भंडारकर (द) महादेव गोविंद रानाडे

646. सन् 1883 में विश्व धर्म सम्मेलन कहाँ आयोजित हुआ था, जिसमें भारत के प्रतिनिधि के रूप में स्वामी विवेकानंद ने भाग लिया था?

(अ) मैसाच्युसेट्स (ब) न्यूयॉर्क

(स) वाशिंगटन (द) शिकागो

647. हिंदू कॉलेज के संस्थापक कौन थे?

(अ) जोनाथन डंकन (ब) जेम्स हिक्की

(स) डेविड हेयर (द) एलेक्जेंडर डफ

648. सन् 1814 में कलकत्ता में राजा राममोहन राय ने किस संगठन का प्रवर्तन किया था?

उत्तर के लिए कृपया पृष्ठ सं. 162 देखें।

(अ) गीता सभा (ब) संजीवनी सभा
(स) आत्मीय सभा (द) विद्या सभा

649. 'हिंदू विधवा पुनर्विवाह अधिनियम' किस वर्ष पारित हुआ था?
(अ) सन् 1865 (ब) सन् 1860
(स) सन् 1852 (द) सन् 1856

650. सन् 1783 में एशियाटिक सोसाइटी की स्थापना किसने की थी?
(अ) अलेक्जेंडर डफ (ब) विलियम हैरे
(स) एच.बी.. डेराजियो (द) विलियम जोन्स

651. भारत में क्षेत्रीय भाषा में प्रकाशित पहला समाचार-पत्र कौन सा था?
(अ) द मराठा (ब) सोम प्रकाश
(स) समाचार दर्पण (द) बंगाल गजेटियर

652. शिशिर कुमार घोष ने 'इंडियन लीग' की स्थापना कब की थी?
(अ) 28 सितंबर, 1875 (ब) 7 सितंबर, 1877
(स) 25 अगस्त, 1885 (द) 20 अक्तूबर, 1880

653. सन् 1886 में 'दीनबंधु सार्वजनिक सभा' की स्थापना किसने की थी?
(अ) ज्योतिबा फुले (ब) एम.जी. रानाडे
(स) डी.के. कर्वे (द) करसनदास मल्ली

654. भारतीय प्रेस पर सबसे पहले सेंसरशिप किसने लागू की?
(अ) हेस्टिंग्स (ब) केनिंग
(स) कर्जन (द) लिटन

655. मद्रास महाजन सभा की स्थापना कब हुई थी?
(अ) 16 मई, 1884 (ब) 20 जुलाई, 1885
(स) 27 अक्तूबर, 1886 (द) इनमें से कोई नहीं

656. 'आदि ब्रह्म समाज' के प्रवर्तक कौन थे?
(अ) महादेव गोविंद रानाडे (ब) राजा राममोहन राय
(स) केशवचंद्र सेन (द) देवेंद्रनाथ टैगोर

657. अकाली आंदोलन कब शुरू हुआ था?
(अ) सन् 1931 (ब) सन् 1921
(स) सन् 1911 (द) सन् 1901

उत्तर के लिए कृपया पृष्ठ सं. 162 देखें।

658. 7 सितंबर, 1833 को राजा राममोहन राय का निधन कहाँ पर हुआ था?

(अ) कनाडा (ब) शिकागो

(स) ब्रिस्टल (द) बर्मिंघम

659. पूना सार्वजनिक सभा की स्थापना महादेव गोविंद रानाडे ने कब की थी?

(अ) 21 सितंबर, 1869 (ब) 20 मार्च, 1872

(स) 2 अप्रैल, 1870 (द) 26 मार्च, 1872

660. दक्कन एजूकेशन सोसायटी की स्थापना किसने की?

(अ) राजा राममोहन राय (ब) मौलाना अबुल कलाम आजाद

(स) महादेव गोविंद रानाडे (द) इनमें से कोई नहीं

661. 'प्रार्थना समाज' की स्थापना किसने की?

(अ) राजा राममोहन राय (ब) ज्योतिबा फुले

(स) एम.जी. रानाडे (द) आत्माराम पांडुरंग

662. 'भारतीय ब्रह्म समाज' के संस्थापक कौन थे?

(अ) रवींद्रनाथ टैगोर (ब) देवेंद्रनाथ टैगोर

(स) केशवचंद्र सेन (द) राजा राममोहन राय

663. ईश्वरचंद्र विद्यासागर का नाम किस प्रकार के सामाजिक सुधार से जुड़ा है?

(अ) परदा-प्रथा का उन्मूलन (ब) विधवा पुनर्विवाह

(स) बाल-विवाह पर निषेध (द) सती-प्रथा का उन्मूलन

664. किस मुगल बादशाह ने राममोहन राय को 'राजा' की उपाधि दी थी?

(अ) आलमगीर द्वितीय (ब) शाहआलम द्वितीय

(स) अकबर द्वितीय (द) इनमें से कोई नहीं

665. सन् 1850 के दशक में किसने 'विधवा पुनर्विवाह संगठन' की स्थापना की?

(अ) भाऊ दाजी (ब) ज्योतिबा फुले

(स) ईश्वरचंद्र विद्यासागर (द) विष्णु शास्त्री पंडित

666. महाराष्ट्र में विधवा पुनर्विवाह आंदोलन के प्रणेता कौन थे?

(अ) डी.के. कर्वे (ब) एम.जी. रानाडे

(स) दयानंद सरस्वती (द) ज्योतिबा फुले

667. तेलुगु समाज-सुधारक विरसालिंगम् ने दक्षिण भारत में किसका प्रसार किया?

(अ) देव समाज (ब) आर्य समाज

(स) प्रार्थना समाज (द) ब्रह्म समाज

उत्तर के लिए कृपया पृष्ठ सं. 162 देखें।

668. 'प्रार्थना समाज' का निम्नलिखित में से कौन सा प्रमुख उद्देश्य था?

(अ) शिक्षा को प्रोत्साहन देना (ब) जातिप्रथा को समाप्त करना

(स) बाल विवाह को रोकना (द) उपर्युक्त सभी

669. 'लोकहितवादी' के उपनाम से किसे जाना जाता था?

(अ) बी.आर. अंबेडकर (ब) एम.जी. रानाडे

(स) बाल गंगाधर तिलक (द) जी.एच. देशमुख

670. कौन सा विदेशी सन् 1800 में भारत में घड़ीसाज के रूप में आया था? उसने आजीवन भारत में आधुनिक शिक्षा के विकास में कार्य किया?

(अ) डेविड हेयर (ब) जेम्स हिक्की

(स) विलियम कैरे (द) अलेक्जेंडर डफ

671. किस समाज-सुधारक ने सन् 1851 में पुणे में अपनी पत्नी के साथ मिलकर लड़कियों का स्कूल खोला था?

(अ) डी.के. कर्वे (ब) जी.एच. देशमुख

(स) ज्योतिबा फुले (द) विष्णु शास्त्री पंडित

672. विधवा पुनर्विवाह के लिए गुजराती भाषा में सन् 1852 में 'सत्यप्रकाश' पत्र किसने निकाला?

(अ) ईश्वरचंद्र विद्यासागर (ब) डी.के. कर्वे

(स) विष्णु शास्त्री पंडित (द) करसनदास मलजी

673. 'वेदों की ओर लौटो' किसका नारा था?

(अ) राजा राममोहन राय (ब) स्वामी दयानंद सरस्वती

(स) स्वामी विवेकानंद (द) महामना मदनमोहन मालवीय

674. 'स्वाभिमान आंदोलन' किसने शुरू किया था?

(अ) ई.वी. रामास्वामी नायकर (ब) के. कामराज

(स) शल्वराज मुदलियार (द) सी.आर. रेड्डी

675. 'सोम प्रकाश' पत्र किसने शुरू किया?

(अ) एम.जी. रानाडे (ब) ज्योतिबा फुले

(स) राजा राममोहन राय (द) ईश्वरचंद्र विद्यासागर

उत्तर के लिए कृपया पृष्ठ सं. 162 देखें।

676. किसके आंदोलन के कारण विधवा विवाह को कानून की परिधि में लिया गया ?

(अ) राजा राममोहन राय (ब) महादेव गोविंद रानाडे

(स) ईश्वरचंद्र विद्यासागर (द) इनमें से कोई नहीं

677. बनारस हिंदू विश्वविद्यालय के संस्थापक कौन थे ?

(अ) राजा राममोहन राय (ब) ईश्वरचंद्र विद्यासागर

(स) मदन मोहन मालवीय (द) डॉ. राजेंद्र प्रसाद

678. सर सैयद अहमद खाँ ने साइंटिफिक सोसाइटी की स्थापना कब की थी, जिसका उद्‌देश्य यूरोपीय लेखकों की रचनाओं का अरबी, फारसी तथा उर्दू में अनुवाद करना था ?

(अ) जनवरी 1864 (ब) मार्च 1865

(स) मार्च 1862 (द) इनमें से कोई नहीं

679. उन्नीसवीं शताब्दी के धार्मिक तथा सामाजिक आंदोलनों में सर्वाधिक प्रभावी कौन सा था ?

(अ) ब्रह्म समाज (ब) आर्य समाज

(स) प्रार्थना सभा (द) स्वाभिमान आंदोलन

680. सन् 1882 में 'आनंदमठ' पुस्तक किसने लिखी ?

(अ) बंकिमचंद्र चटर्जी (ब) अरविंद घोष

(स) शरतचंद्र चटर्जी (द) रवींद्रनाथ टैगोर

681. ज्योतिबा फुले ने सत्यशोधक समाज की स्थापना कब की ?

(अ) 1875 (ब) 1873

(स) 1872 (द) 1876

682. किस वाइसराय के समय में सन् 1813 से शिक्षा की प्रगति की समीक्षा के लिए सन् 1882 में 'हंटर कमीशन' गठित किया गया ?

(अ) लॉर्ड कर्जन (ब) लॉर्ड रिपन

(स) लॉर्ड लिटन (द) लॉर्ड मिंटो

683. 'अखिल भारतीय हरिजन संघ' के संस्थापक कौन थे ?

उत्तर के लिए कृपया पृष्ठ सं. 163 देखें।

(अ) महात्मा गांधी (ब) बी.आर. अंबेडकर
(स) ई.वी. रामास्वामी नायकर (द) ज्योतिबा फुले

684. बनारस में 'सेंट्रल हिंदू स्कूल' की स्थापना किसने की?
(अ) गोविंद बल्लभ पंत (ब) एनी बेसेंट
(स) बाल गंगाधर तिलक (द) लाला लाजपत राय

685. एनी बेसेंट किस संस्था से जुड़ी थीं?
(अ) रामकृष्ण मिशन (ब) ब्रह्म समाज
(स) थियोसॉफिकल सोसाइटी (द) आर्य समाज

□

उत्तर के लिए कृपया पृष्ठ सं. 163 देखें।

18

स्वतंत्रता-आंदोलन

686. 'स्वराज्य मेरा जन्मसिद्ध अधिकार है और मैं इसे लेकर रहूँगा।' ये शब्द किसने कहे थे?
(अ) बाल गंगाधर तिलक (ब) अरविंद घोष
(स) विपिन चंद्र पाल (द) जी.जी. अगरकर

687. निम्नलिखित में से कौन सा आंदोलन बंग-भंग के विरोध में चलाया गया?
(अ) खिलाफत आंदोलन (ब) होमरूल आंदोलन
(स) स्वदेशी आंदोलन (द) इनमें से कोई नहीं

688. क्रांतिकारी संगठन 'अभिनव भारत' की स्थापना कहाँ पर हुई थी?
(अ) उत्तर प्रदेश (ब) बंगाल
(स) महाराष्ट्र (द) उड़ीसा

689. 'इंडियन होम रूल सोसाइटी' की स्थापना कब हुई थी?
(अ) सन् 1905 (ब) सन् 1902
(स) सन् 1900 (द) सन् 1901

690. सन् 1911 में बंगाल का विभाजन किसने समाप्त किया?
(अ) लॉर्ड इल्बर्ट (ब) लॉर्ड मिंटो
(स) लॉर्ड लिटन (द) लॉर्ड हार्डिंग

691. 1885 में कांग्रेस का प्रथम अधिवेशन पूना में होना था, लेकिन बाद में किस कारण से यह मुंबई में संपन्न हुआ?
(अ) अंग्रेजों के दबाव के कारण
(ब) गांधीजी के आग्रह के कारण

उत्तर के लिए कृपया पृष्ठ सं. 163 देखें।

(स) अधिवेशन में भाग लेनेवाले सदस्य पूना जाने को तैयार नहीं थे
(द) पूना में हैजा फैल जाने के कारण

692. 'ऑल इंडिया मुसलिम लीग' की स्थापना किस सन् में हुई थी?
(अ) सन् 1902 (ब) सन् 1906
(स) सन् 1907 (द) सन् 1908

693. 'इनकलाब जिंदाबाद' का नारा किसने दिया?
(अ) भगत सिंह (ब) इकबाल
(स) हेमचंद्र दास (द) सुभाष चंद्र बोस

694. व्यक्तिगत सत्याग्रह-1940 का सर्वप्रथम नेतृत्व किसने किया?
(अ) महात्मा गांधी (ब) आचार्य विनोबा भावे
(स) पं. जवाहर लाल नेहरू (द) डॉ. राजेंद्र प्रसाद

695. 1916 में लखनऊ समझौता पर बातचीत के लिए भारतीय राष्ट्रीय कांग्रेस के मुख्य प्रतिनिधि की भूमिका किसने निभाई?
(अ) चितरंजन दास (ब) मोतीलाल नेहरू
(स) बाल गंगाधर तिलक (द) मौलान अबुल कलाम आजाद

696. खिलाफत आंदोलन शांत होने का क्या कारण था?
(अ) अंग्रेजों का मुसलिमों को रियायत देना
(ब) कांग्रेस व मुसलिम लीग में एकता होना
(स) तुर्की की सत्ता पर कमालपाशा का कब्जा होना
(द) इनमें से कोई नहीं

697. 'गदर पार्टी' का गठन सन् 1913 में कहाँ किया गया था?
(अ) इंग्लैंड (ब) रूस
(स) जर्मनी (द) संयुक्त राज्य अमेरिका

698. गांधीजी दक्षिण अफ्रीका से भारत कब लौटे?
(अ) सन् 1915 (ब) सन् 1909
(स) सन् 1904 (द) सन् 1902

699. जलियाँवाला बाग के नरसंहार की घटना कब हुई थी?
(अ) सन् 1920 (ब) सन् 1919
(स) सन् 1918 (द) सन् 1917

उत्तर के लिए कृपया पृष्ठ सं. 163 देखें।

700. जलियाँवाला बाग में हुए नरसंहार की जाँच के लिए सरकार द्वारा गठित जाँच समिति के अध्यक्ष कौन थे?

(अ) लॉर्ड रीडिंग (ब) लॉर्ड हंटर
(स) लॉर्ड लिटन (द) लॉर्ड मुनरो

701. सन् 1922 में किस स्थान पर उग्र भीड़ द्वारा की गई हिंसा के कारण असहयोग आंदोलन समाप्त कर दिया गया?

(अ) गाजीपुर (ब) बलिया
(स) चौरी-चौरा (द) गोरखपुर

702. बिहार में सन् 1857 की क्रांति का नेतृत्व किसने किया?

(अ) बेगम हजरत महल (ब) वाजिद अली शाह
(स) कुँवर सिंह (द) इनमें से कोई नहीं

703. बंग-भंग आंदोलन के समय भारतीय राष्ट्रीय कांग्रेस का अध्यक्ष कौन था?

(अ) जवाहरलाल नेहरू (ब) गोपाल कृष्ण गोखले
(स) लाला लाजपत राय (द) बाल गंगाधर तिलक

704. 'यंग बंगाल आंदोलन' का नेता कौन था?

(अ) हेनरी विवियन डेरोजियो (ब) सुरेंद्रनाथ बनर्जी
(स) राजा राममोहन राय (द) डेविड हेरे

705. रवींद्रनाथ टैगोर ने 'नाइटहुड' की उपाधि किस घटना के विरोध में ब्रिटिश सरकार को वापस लौटा दी?

(अ) बंगाल विभाजन (ब) भगत सिंह को फाँसी
(स) जलियाँवाला बाग हत्याकांड (द) इनमें से कोई नहीं

706. संवैधानिक सुधारों से संबद्ध प्रस्तावों की 'नेहरू रिपोर्ट' मोतीलाल नेहरू ने कब तैयार की?

(अ) सन् 1930 (ब) सन् 1927
(स) सन् 1928 (द) सन् 1929

707. स्वतंत्रता आंदोलन के दौरान किसने हॉलैंड में 'द तलवार' नामक पत्र निकाला?

(अ) वीर सावरकर (ब) बाल गंगाधर तिलक
(स) मदाम भीकाजी कामा (द) लाला हरदयाल

उत्तर के लिए कृपया पृष्ठ सं. 163 देखें।

708. 'मॉर्ले-मिंटो सुधार' कब शुरू किया गया?

(अ) सन् 1924 (ब) सन् 1921

(स) सन् 1920 (द) सन् 1909

709. भारतीय राष्ट्रीय कांग्रेस की स्थापना कब हुई थी?

(अ) सन् 1875 (ब) सन् 1885

(स) सन् 1895 (द) सन् 1905

710. कौन सा दिन 'सत्याग्रह दिवस' के रूप में मनाया गया, जब देश भर में हड़तालें हुईं?

(अ) अप्रैल 6, 1919 (ब) अप्रैल 15, 1919

(स) अगस्त 14, 1919 (द) इनमें से कोई नहीं

711. 1936 में स्वतंत्र लेबर पार्टी की स्थापना किसने की?

(अ) मीनू मसानी (ब) पं. जवाहरलाल नेहरू

(स) डॉ. भीमराव अंबेडकर (द) जयप्रकाश नारायण

712. 'नेशनल लिबरल फेडरेशन' के अध्यक्ष कौन थे?

(अ) लाला लाजपत राय (ब) गोपाल कृष्ण गोखले

(स) व्योमेशचंद्र बनर्जी (द) सुरेंद्रनाथ बनर्जी

713. निम्नलिखित में से कौन उग्रपंथी नेता नहीं थे?

(अ) लाला लाजपत राय (ब) विपिन चंद्र पाल

(स) महात्मा गांधी (द) बाल गंगाधर तिलक

714. सुभाष चंद्र बोस पहली बार कांग्रेस के अध्यक्ष कब बने?

(अ) सन् 1941 (ब) सन् 1938

(स) सन् 1939 (द) सन् 1940

715. गांधीजी द्वारा चलाए गए 'सत्याग्रह' का क्या अर्थ था?

(अ) कानून को तोड़ना (ब) काम बंद करके उपवास रखना

(स) सत्य पर अडिग रहना (द) निष्क्रिय रूप से विरोध करना

716. किस शहर में आयोजित क्रांतिकारियों की बैठक में हुए विचार-विमर्श के परिणामस्वरूप 'हिंदुस्तान रिपब्लिकन एसोसिएशन' का गठन किया गया?

(अ) कलकत्ता (ब) कानपुर

(स) मद्रास (द) इलाहाबाद

उत्तर के लिए कृपया पृष्ठ सं. 163 देखें।

717. स्वाधीनता आंदोलन के दूसरे चरण में (1905–1918) उग्र राष्ट्रवादी विचारधारा को प्रतिपादित करनेवाला प्रमुख नेता कौन था?

(अ) लाला लाजपत राय (ब) विपिन चंद्र पाल

(स) वीर दामोदर सावरकर (द) बाल गंगाधर तिलक

718. मुजफ्फरपुर हत्याकांड तथा अलीपुर षड्यंत्र मामले से कौन–कौन जुड़े थे?

(अ) नेताजी सुभाष चंद्र बोस, रासबिहारी बोस

(ब) प्रफुल्ल चाकी, खुदीराम बोस

(स) खुदीराम बोस, रासबिहारी बोस

(द) भगत सिंह, चंद्रशेखर आजाद

719. 'फारवर्ड ब्लॉक' की स्थापना किसने की थी?

(अ) लाला लाजपत राय (ब) भगत सिंह

(स) चंद्रशेखर आजाद (द) सुभाष चंद्र बोस

720. मौलाना बरकतुल्लाह, मौलाना अब्दुल्लाह सिंधी और राजा महेंद्र प्रताप द्वारा 'भारत की अस्थायी सरकार' कहाँ पर घोषित की गई?

(अ) न्यूयॉर्क (ब) काबुल

(स) जर्मनी (द) फ्रांस

721. 23 मार्च, 1931 को शहीद भगत सिंह के साथ किन अन्य दो क्रांतिकारियों को फाँसी दी गई थी?

(अ) राजगुरु और खुदीराम बोस (ब) आजाद और सुखदेव

(स) राजगुरु और सुखदेव (द) इनमें से कोई नहीं

722. महात्मा गांधी ने असहयोग आंदोलन कब शुरू किया था?

(अ) सन् 1926 (ब) सन् 1923

(स) सन् 1916 (द) सन् 1920

723. गांधीजी ने नमक कानून तोड़ने के लिए 'दांडी मार्च' कब शुरू किया?

(अ) 12 मई, 1930 (ब) 12 अप्रैल, 1930

(स) 12 मार्च, 1930 (द) 12 फरवरी, 1930

724. दांडी मार्च कहाँ से शुरू होकर कहाँ पर खत्म हुआ था?

(अ) अहमदाबाद, औरंगाबाद (ब) दांडी, साबरमती

(स) नांदेड़, साबरमती (द) साबरमती, दांडी

उत्तर के लिए कृपया पृष्ठ सं. 163 देखें।

725. नेताजी सुभाष चंद्र बोस अंग्रेजों से बचकर भारत से कब निकल गए?

(अ) मार्च 1941 (ब) अप्रैल 1942

(स) मई 1943 (द) जून 1944

726. सन् 1885 में किस सेवानिवृत्त ब्रिटिश सिविल सर्वेंट ने बंबई में भारतीय राष्ट्रीय कांग्रेस की स्थापना की थी?

(अ) लॉर्ड मैकाले (ब) डब्ल्यू.डब्ल्यू. हंटर

(स) ए.ओ. ह्यूम (द) वारेन हेस्टिंग्स

727. नेताजी सुभाष चंद्र बोस ने 'आजाद हिंद फौज' को पुनर्गठित कर उसकी कमान कहाँ सँभाली थी?

(अ) सिंगापुर (ब) टोकियो

(स) रंगून (द) लंदन

728. 'फूट डालो और राज करो' की नीति किसने अपनाई थी?

(अ) लॉर्ड मिंटो (ब) लॉर्ड वेलेजली

(स) लॉर्ड कर्जन (द) लॉर्ड डलहौजी

729. 'कांग्रेस सोशलिस्ट पार्टी' की स्थापना कब की गई थी?

(अ) सन् 1934 (ब) सन् 1935

(स) सन् 1932 (द) सन् 1933

730. गवर्नमेंट ऑफ इंडिया एक्ट, 1935 के तहत घोषित चुनावों में कांग्रेस कितने राज्यों में विजयी रही?

(अ) पाँच (ब) सात

(स) चार (द) छह

731. लंदन में पहला गोलमेज सम्मेलन कब हुआ था?

(अ) सन् 1933-34 (ब) सन् 1932-33

(स) सन् 1931-32 (द) सन् 1930-31

732. गांधीजी ने 'भारत छोड़ो आंदोलन' कब शुरू किया?

(अ) सन् 1940 (ब) सन् 1942

(स) सन् 1939 (द) सन् 1941

733. दलित वर्ग के लिए पृथक् आरक्षण का विचार सर्वप्रथम विधिवत् किसमें स्वीकार किया गया?

उत्तर के लिए कृपया पृष्ठ सं. 163 देखें।

(अ) मैक्डोनल्ड अवार्ड में (ब) गांधी-इर्विन समझौता में
(स) पूना समझौता में (द) साइमन कमीशन की रिपोर्ट में

734. निम्नलिखित में से किसका संबंध गांधीजी के असहयोग आंदोलन से नहीं था?
(अ) सरकारी स्कूल-कॉलेजों का बहिष्कार
(ब) अदालतों का बहिष्कार
(स) विदेशी वस्तुओं का बहिष्कार
(द) देश के कानूनों का बहिष्कार व भंग

735. गांधीजी का सर्वाधिक निकट सहयोगी इनमें से कौन था?
(अ) सरला बहन (ब) बाल गंगाधर तिलक
(स) पं. जवाहरलाल नेहरू (द) जयप्रकाश नारायण

736. अनुशीलन समिति का एक केंद्र ढाका में था; उसका दूसरा केंद्र कहाँ पर था?
(अ) सूरत (ब) कलकत्ता
(स) दिल्ली (द) बंबई

737. किस क्रांतिकारी ने एक अंग्रेज जज की हत्या के प्रयास में गिरफ्तार होने के बाद आत्महत्या कर ली?
(अ) खुदीराम बोस (ब) चंद्रशेखर आजाद
(स) प्रफुल्ल कुमार चाकी (द) मदनलाल ढींगरा

738. इंग्लैंड के प्रधानमंत्री क्लीमेंट एटली ने 'कैबिनेट मिशन प्लान' की घोषणा कब की थी?
(अ) सन् 1945 (ब) सन् 1944
(स) सन् 1943 (द) सन् 1942

739. भारतीय संविधान सभा के लिए चुनाव कब हुए थे?
(अ) सन् 1942 (ब) सन् 1945
(स) सन् 1946 (द) सन् 1941

740. किस वाइसराय ने 'भारतीय रक्षा अधिनियम' लागू करने में प्रमुख भूमिका निभाई?
(अ) लॉर्ड रीडिंग (ब) लॉर्ड डलहौजी
(स) लॉर्ड वैवल (द) लॉर्ड रिपन

उत्तर के लिए कृपया पृष्ठ सं. 163-164 देखें।

741. किस स्वतंत्रता सेनानी ने जेल में भूख हड़ताल करके शहादत अपनाई ?

(अ) भगत सिंह (ब) चंद्रशेखर आजाद

(स) सूर्यसेन (द) यतींद्र नाथ दास

742. 'रोलेट एक्ट' कब पारित हुआ ?

(अ) सन् 1915 (ब) सन् 1917

(स) सन् 1919 (द) सन् 1913

743. उत्तर-पश्चिम सीमा प्रांत में राष्ट्रीय आंदोलन का नेतृत्व किसने किया ?

(अ) महात्मा गांधी (ब) मुहम्मद अली जिन्ना

(स) जवाहरलाल नेहरू (द) खान अब्दुल गफ्फार खाँ

744. देश के विभाजन के समय भारत में कुल कितने रजवाड़े थे ?

(अ) 560 (ब) 562

(स) 558 (द) 555

745. भारतीय राष्ट्रीय कांग्रेस की पहली महिला अध्यक्ष कौन थीं ?

(अ) सुचेता कृपलानी (ब) विजयलक्ष्मी पंडित

(स) राजकुमारी अमृत कौर (द) सरोजिनी नायडू

746. राष्ट्रीय परिदृश्य पर गांधीजी किस वर्ष सक्रिय रूप में उभरकर सामने आए ?

(अ) सन् 1916 (ब) सन् 1928

(स) सन् 1915 (द) सन् 1918

747. पहली बार किस नेता ने मुसलिम समुदाय के लिए अलग देश की माँग की ?

(अ) मुहम्मद इकबाल (ब) लियाकत अली

(स) रहमत अली (द) मुहम्मद अली जिन्ना

748. सुभाष चंद्र बोस के त्यागपत्र के बाद भारतीय राष्ट्रीय कांग्रेस का अध्यक्ष कौन बना ?

(अ) महात्मा गांधी (ब) डॉ. राजेंद्र प्रसाद

(स) पट्टाभि सीतारमैया (द) इनमें से कोई नहीं

749. सन् 1921 में मोपला विद्रोह कहाँ हुआ था ?

(अ) असम (ब) बंगाल

(स) केरल (द) पंजाब

750. सन् 1928 में प्रदर्शन के दौरान अंग्रेज पुलिस की लाठियों का शिकार हुए लाला लाजपत राय की मृत्यु का बदला क्रांतिकारियों ने किस प्रकार लिया ?

उत्तर के लिए कृपया पृष्ठ सं. 164 देखें।

(अ) अंग्रेजों का बहिष्कार करके

(ब) भारतीयों को अंग्रेजों के प्रति भड़काकर

(स) लाहौर के एस.पी. की हत्या करके

(द) केंद्रीय असेंबली में बम फेंककर

751. गांधीजी ने किस आंदोलन के दौरान कहा था, 'हर भारतीय अपना नेता स्वयं है'?

(अ) सविनय अवज्ञा (ब) स्वदेशी आंदोलन

(स) भारत छोड़ो आंदोलन (द) इनमें से कोई नहीं

752. लॉर्ड कर्जन ने बंगाल का विभाजन कब किया?

(अ) सन् 1905 (ब) सन् 1901

(स) सन् 1900 (द) सन् 1899

753. कांग्रेस अधिवेशन को संबोधित करनेवाली प्रथम महिला कौन थी?

(अ) विजय लक्ष्मी पंडित (ब) कादंबिनी गांगुली

(स) एनी बेसेंट (द) सरोजिनी नायडू

754. निम्नलिखित में से किस राष्ट्रवादी नेता ने विधान परिषद् में प्रथम बार नमक कर के विरुद्ध आवाज उठाई?

(अ) महात्मा गांधी (ब) दादाभाई नौरोजी

(स) फिरोजशाह मेहता (द) गोपाल कृष्ण गोखले

755. मुसलिम लीग ने किस घटना के उपलक्ष्य में 'मुक्ति दिवस' मनाया था?

(अ) पाकिस्तान की माँग का प्रस्ताव पारित होने पर

(ब) पाकिस्तान की स्थापना पर

(स) कांग्रेस मंत्रिमंडल द्वारा 1939 में त्यागपत्र देने पर

(द) इनमें से कोई नहीं

756. प्रथम विश्व युद्ध के दौरान भारत ने ब्रिटिश सत्ता के प्रति कैसा रवैया अपनाया?

(अ) वैमनस्यपूर्ण (ब) सहानुभूतिपूर्ण

(स) सक्रिय सहायता दी (द) उदासीन

757. 'होमरूल सोसाइटी' के संस्थापक कौन थे?

(अ) वीर दामोदर सावरकर (ब) मदनलाल ढींगरा

(स) श्यामजी कृष्ण वर्मा (द) लाला हरदयाल

उत्तर के लिए कृपया पृष्ठ सं. 164 देखें।

758. जलियाँवाला बाग हत्याकांड के समय भारत का वाइसराय कौन था?

(अ) लॉर्ड चेम्सफोर्ड (ब) लॉर्ड डफरिन

(स) वॉरेन हेस्टिंग्स (द) विंस्टन चर्चिल

759. किस नेता ने कांग्रेस के अध्यक्ष पद के लिए हुए चुनावों में सुभाष चंद्र बोस का विरोध किया था?

(अ) जवाहरलाल नेहरू (ब) गांधीजी

(स) ए.ओ.. ह्यूम (द) मोतीलाल नेहरू

760. इंग्लैंड के प्रधानमंत्री सर विंस्टन चर्चिल ने 'क्रिप्स मिशन' गठित करने की घोषणा कब की थी?

(अ) सन् 1940 (ब) सन् 1941

(स) सन् 1942 (द) सन् 1939

761. निम्नलिखित में से किस समयावधि में कांग्रेस के गरम दलीय सदस्य अधिक सक्रिय रहे?

(अ) सन् 1921 से 1931 तक (ब) सन् 1906 से 1920 तक

(स) सन् 1885 से 1905 तक (द) सन् 1906 से 1918 तक

762. गांधीजी ने किस वाइसराय के काल में सन् 1942 का 'भारत छोड़ो आंदोलन' शुरू किया था?

(अ) लॉर्ड कॉर्नवालिस (ब) लॉर्ड चेम्सफोर्ड

(स) लॉर्ड लिनलिथगो (द) लॉर्ड केनिंग

763. कांग्रेस के किस अधिवेशन में खद्दर पहनना अनिवार्य कर दिया गया?

(अ) गुवाहाटी (ब) लाहौर

(स) कराची (द) अहमदाबाद

764. स्वतंत्रता आंदोलन के दौरान 'युगांतर' और 'स्वतंत्रता' नामक पत्र किसने प्रकाशित किए?

(अ) डब्ल्यू.सी. बनर्जी (ब) रासबिहारी बोस

(स) बटुकेश्वर दत्त (द) सुभाष चंद्र बोस

765. भारत का राष्ट्रीय गीत 'वंदे मातरम्' कहाँ से उद्धृत किया गया है?

(अ) 'आनंदमठ' से (ब) 'साकेत' से

(स) 'देशप्रेम' से (द) 'कर्मभूमि' से

उत्तर के लिए कृपया पृष्ठ सं. 164 देखें।

766. चापेकर बंधुओं ने लेफ्टिनेंट अयर्स्ट की हत्या कब की थी?

(अ) 21 जून, 1897 (ब) 22 जून, 1897

(स) 22 जून, 1917 (द) 22 जून, 1898

767. किस महान् नेता को भारत का 'लौह पुरुष' कहा जाता है?

(अ) महात्मा गांधी (ब) लाला लाजपत राय

(स) दादाभाई नौरोजी (द) सरदार बल्लभभाई पटेल

768. फरवरी 1927 में कांग्रेस की ओर से किस व्यक्ति ने ब्रूसेल्स में हुए पीड़ित राष्ट्र सम्मेलन में भाग लिया था?

(अ) महात्मा गांधी (ब) सुभाष चंद्र बोस

(स) पं. जवाहरलाल नेहरू (द) डॉ. राजेंद्र प्रसाद

769. सन् 1908 में बाल गंगाधर तिलक को छह वर्ष की सजा सुनाकर किस जेल में भेजा गया था?

(अ) सिंगापुर (ब) मांडले

(स) यरवदा जेल (द) नैनी जेल

770. स्वतंत्रता आंदोलन के दौरान किस राष्ट्रवादी नेता ने 'जय हिंद' का नारा दिया?

(अ) बाल गंगाधर तिलक (ब) सुभाष चंद्र बोस

(स) जवाहरलाल नेहरू (द) महात्मा गांधी

771. 'इंडियन एसोसिएशन' का भारतीय राष्ट्रीय कांग्रेस में विलय किस वर्ष हुआ था?

(अ) सन् 1895 (ब) सन् 1890

(स) सन् 1887 (द) सन् 1886

772. किस महिला को जेल में रहते कांग्रेस का अध्यक्ष चुना गया था?

(अ) सरोजिनी नायडू (ब) इंदिरा गांधी

(स) एनी बेसेंट (द) राजकुमारी अमृत कौर

773. 'मुक्ति दिवस' का आह्वान किसके द्वारा हुआ था?

(अ) कांग्रेस (ब) मुसलिम लीग

(स) कम्युनिस्ट पार्टी (द) हिंदू महासभा

उत्तर के लिए कृपया पृष्ठ सं. 164 देखें।

774. 23 दिसंबर, 1912 को किसके द्वारा लॉर्ड हार्डिंग के जुलूस पर बम फेंका गया था, जिसके कारण एक ए.डी.सी. की घटना-स्थल पर ही मृत्यु हो गई ?

(अ) बटुकेश्वर दत्त (ब) दीनानाथ

(स) रासबिहारी बोस (द) भाई बालमुकुंद

775. क्रांतिकारी खुदीराम बोस को फाँसी कब दी गई ?

(अ) 23 मार्च, 1930 (ब) 30 अप्रैल, 1908

(स) 17 जुलाई, 1909 (द) 30 जुलाई, 1908

776. फरवरी 1928 में 'साइमन कमीशन' के विरोध में प्रदर्शन करते समय किस राष्ट्रवादी नेता को अंग्रेज पुलिस द्वारा लाठियों से पीटा गया, जिसके फलस्वरूप बाद में उनकी मृत्यु हो गई ?

(अ) गोविंद बल्लभ पंत (ब) लाला लाजपत राय

(स) गोपाल कृष्ण गोखले (द) बाल गंगाधर तिलक

777. निम्नलिखित में से कौन भारतीय राष्ट्रीय कांग्रेस की महिला अध्यक्ष नहीं रहीं ?

(अ) अरुणा आसफ अली (ब) सरोजिनी नायडू

(स) एनी बेसेंट (द) जे.एम. सेनगुप्ता

778. 1906 में लंदन में अभिनव भारत की स्थापना किसने की ?

(अ) वीर सावरकर (ब) लाला हरदयाल

(स) भाई परमानंद (द) मदाम भीकाजी कामा

□

उत्तर के लिए कृपया पृष्ठ सं. 164 देखें।

विश्व इतिहास

19

विश्व इतिहास की झलक

779. इंग्लैंड के सम्राट् जॉन ने मैग्नाकार्टा पर हस्ताक्षर कब किए थे ?

(अ) सन् 1217 (ब) सन् 1215

(स) सन् 1212 (द) सन् 1066

780. फासीवादी नेता मुसोलिनी किस वर्ष इटली में सत्ता में आया, जिसने इटली को फासीवादी राज्य में बदल दिया ?

(अ) 1920 (ब) 1922

(स) 1918 (द) 1925

781. पंद्रहवीं सदी में यूरोपीय पुनर्जागरण काल में किस क्षेत्र में विशेष प्रगति हुई थी ?

(अ) कला और वास्तुशिल्प (ब) इंजीनियरिंग

(स) चिकित्सा (द) गणित

782. वैज्ञानिक समाजवाद का प्रणेता किसे माना जाता है ?

(अ) रूसो (ब) एंजेल्स

(स) कार्ल मार्क्स (द) लेनिन

783. सर्वप्रथम किस देश में पुनर्जागरण आंदोलन शुरू हुआ था ?

(अ) इंग्लैंड (ब) इटली

(स) रूस (द) फ्रांस

784. 'अमेरिकन डिक्लेरेशन ऑफ इंडिपेंडेंस' का लेखक कौन है ?

(अ) जॉर्ज वाशिंगटन (ब) लेफायते

(स) जैफरसन (द) थॉमस पेइने

उत्तर के लिए कृपया पृष्ठ सं. 164 देखें।

785. हिटलर किस वर्ष जर्मनी का तानाशाह बना?
(अ) 1923 (ब) 1933
(स) 1932 (द) 1928

786. विश्व में औद्योगिक क्रांति सर्वप्रथम किस देश में हुई थी?
(अ) जर्मनी (ब) फ्रांस
(स) अमेरिका (द) इंग्लैंड

787. किस रूसी क्रांतिकारी ने साम्यवादी दल का गठन किया?
(अ) त्रात्स्की (ब) लेनिन
(स) कार्ल मार्क्स (द) स्टालिन

788. सन् 1930 के दशक में आर्थिक संकट कहाँ उत्पन्न हुआ था?
(अ) रूस (ब) अमेरिका
(स) ब्राजील (द) फ्रांस

789. सन् 1917 का वर्ष किस प्रसिद्ध घटना के लिए जाना जाता है?
(अ) रूसी क्रांति (ब) प्रथम विश्वयुद्ध का अंत
(स) जूटलैंड की लड़ाई (द) ट्रैफलगर की लड़ाई

790. वाटरलू की लड़ाई के बाद नेपोलियन को निर्वासित करके कहाँ भेज दिया गया था?
(अ) एल्बा (ब) सेंट हेलेना द्वीप
(स) कोर्सिका (द) कैप्री

791. सन् 1939 में पोलैंड पर जर्मनी के आक्रमण का तात्कालिक परिणाम क्या हुआ?
(अ) शीत युद्ध (ब) द्वितीय विश्व युद्ध
(स) पश्चिम एशियाई संकट (द) प्रथम विश्व युद्ध

792. लगभग पच्चीस वर्ष तक चले अरब-इजराइल संघर्ष को समाप्त करने में संयुक्त राष्ट्र के अलावा किस देश का महत्त्वपूर्ण योगदान रहा?
(अ) भारत (ब) फ्रांस
(स) अमेरिका (द) जर्मनी

793. इनमें से कौन इतालवी पुनर्जागरण काल का कवि माना जाता है?
(अ) रोसेट्टी (ब) होमर
(स) वर्जिल (द) दांते

उत्तर के लिए कृपया पृष्ठ सं. 164 देखें।

794. फ्रांसीसी क्रांति का प्रत्यक्ष संबंध किससे है ?
(अ) नेपोलियन बोनापार्ट (ब) लुई चौदहवाँ
(स) वाल्टेयर (द) डंटन

795. अमेरिकी स्वतंत्रता संग्राम में अमेरिकी सेनाओं का नेतृत्व किसने किया था ?
(अ) थियोडोर रुजवेल्ट (ब) जॉर्ज वाशिंगटन
(स) थॉमस जैफरसन (द) हेमिल्टन

796. विश्व इतिहास में पहली सफल समाजवादी क्रांति कौन सी थी ?
(अ) रूसी क्रांति (ब) फ्रांसीसी क्रांति
(स) अमेरिकी क्रांति (द) इनमें से कोई नहीं

797. दूसरे विश्व युद्ध में किस शहर पर पहली बार अणु बम फेंका गया ?
(अ) नागासाकी (ब) टोकियो
(स) हिरोशिमा (द) बगदाद

798. दूसरे विश्व युद्ध में संयुक्त राज्य अमेरिका ने 6 अगस्त, 1945 को जापान के हिरोशिमा शहर पर जो अणु बम फेंका था, उसका क्या नाम था ?
(अ) लिटिल डेविल (ब) लिटिल फ्लाई
(स) लिटिल गर्ल (द) लिटिल ब्वॉय

799. पुनर्जागरण काल में 'अंतिम भोज' (द लास्ट सप्पर) नामक अनूठा चित्र किसने बनाया था ?
(अ) रैफील (ब) लियोनार्डो-द-विंसी
(स) टाइटियन (द) माइकल एंजिलो

800. पुनर्जागरण काल के किस वैज्ञानिक ने यह बताया कि ग्रह सूर्य के चारों ओर घूमते हैं ?
(अ) कैपलर (ब) गुटेनबर्ग
(स) रिबेलेइस (द) फ्रांसिस बेकन

801. द्वितीय विश्वयुद्ध में 9 अगस्त, 1945 को अमेरिका द्वारा जापान के किस शहर पर बम गिराए जाने के कारण जापान ने समर्पण कर दिया ?
(अ) हिरोशिमा (ब) टोकियो
(स) नागासाकी (द) शिकोकु

802. 'दास कैपिटल' और 'कम्युनिस्ट मेनीफेस्टो' का लेखक कौन है ?

उत्तर के लिए कृपया पृष्ठ सं. 164-165 देखें।

(अ) एंजेल्स (ब) कार्ल मार्क्स
(स) लेनिन (द) त्रात्स्की

803. 17 जनवरी, 1991 से छह हफ्तों तक चले खाड़ी युद्ध, जिसमें इराक के लाखों सैनिक मारे गए, का एक मुख्य कारण क्या था?
(अ) इराक द्वारा कुवैत पर कब्जा
(ब) इराक का परमाणु अप्रसार संधि पर हस्ताक्षर न करना
(स) इराक द्वारा अमेरिका पर आक्रमण
(द) इनमें से कोई नहीं

804. वाटरलू की लड़ाई किन दो देशों के बीच लड़ी गई?
(अ) ब्रिटेन और जर्मनी (ब) ब्रिटेन और फ्रांस
(स) जापान और चीन (द) ऑस्ट्रिया और रूस

805. प्रसिद्ध ग्रंथ 'रिपब्लिक' का लेखक इनमें से कौन है?
(अ) अरस्तू (ब) अलेक्जेंडर
(स) प्लेटो (द) हेरोडोटस

806. 1939 में शुरू हुए द्वितीय विश्व युद्ध के कारणों में कौन सा सत्य है?
(अ) प्रथम विश्व युद्ध के बाद हुई एकपक्षीय वर्साय की संधि
(ब) हिटलर द्वारा वर्साय की संधि की अवहेलना
(स) जर्मनी, इटली व जापान द्वारा सैनिकवाद और साम्राज्यवाद की नीतियाँ अपनाना
(द) उपर्युक्त सभी

807. दूसरा विश्व युद्ध किस वर्ष समाप्त हुआ?
(अ) सन् 1939 (ब) सन् 1945
(स) सन् 1937 (द) सन् 1935

808. 1914 में शुरू हुए प्रथम विश्व युद्ध के कारणों में निम्नलिखित में से कौन सा सही है?
(अ) फ्रांस व जर्मनी के मध्य पारंपरिक शत्रुता
(ब) जर्मनी की विश्व पर प्रमुखता स्थापित करने की महत्त्वाकांक्षा
(स) बाल्कन क्षेत्र में रूस व ऑस्ट्रिया के जातीय हितों में संघर्ष
(द) उपर्युक्त सभी

उत्तर के लिए कृपया पृष्ठ सं. 165 देखें।

809. रूस और जापान के मध्य सन् 1904-05 में हुए युद्ध का क्या परिणाम हुआ?

(अ) रूस की पराजय (ब) जापान की पराजय

(स) अनिर्णीत (द) इनमें से कोई नहीं

810. भारत तथा पाकिस्तान के मध्य वह युद्ध कब हुआ था, जिसके परिणामस्वरूप बँगलादेश एक नए स्वतंत्र राष्ट्र के रूप में अस्तित्व में आया?

(अ) सन् 1948 (ब) सन् 1965

(स) सन् 1971 (द) सन् 1999

811. विश्व इतिहास की प्रसिद्ध 'बॉस्टन टी पार्टी' घटना किस वर्ष हुई थी?

(अ) सन् 1776 (ब) सन् 1770

(स) सन् 1773 (द) सन् 1774

812. प्रशांत महासागर को 'पेसिफिक ओशियन' नाम किसने दिया?

(अ) वास्को-डि-गामा (ब) मैगेलन

(स) बार्थोलोम्यू डियाज (द) कोलंबस

813. जर्मनी का कौन सा विद्वान् वेदों के अध्ययन के लिए प्रसिद्ध है?

(अ) मैक्समूलर (ब) रूसो

(स) लेनिन (द) इनमें से कोई नहीं

814. विश्व इतिहास में सबसे पहले किस देश का संविधान लिखा गया था?

(अ) भारत (ब) फ्रांस

(स) इंग्लैंड (द) अमेरिका

815. किस संधि के अंतर्गत तेरह अमेरिकी उपनिवेशों की स्वतंत्रता को ब्रिटिश सत्ता ने मान्यता दी थी?

(अ) पेरिस की संधि (ब) मास्ट्रिच की संधि

(स) वर्साय की संधि (द) इनमें से कोई नहीं

816. इतालवी नाविक क्रिस्टोफर कोलंबस ने अमेरिका की खोज कब की?

(अ) 1498 (ब) 1491

(स) 1492 (द) 1495

817. पूर्व अमेरिकी राष्ट्रपति अब्राहम लिंकन ने गृहयुद्ध समाप्त कर अमेरिका में दास प्रथा का उन्मूलन कब किया?

उत्तर के लिए कृपया पृष्ठ सं. 165 देखें।

(अ) 1862 (ब) 1863
(स) 1866 (द) 1860

818. अमेरिका ने किसके विरुद्ध स्वतंत्रता-संग्राम लड़ा?
(अ) फ्रांस (ब) डेनमार्क
(स) ब्रिटेन (द) अमेरिका का शाही वर्ग

819. प्रथम विश्व युद्ध कब से कब तक चला?
(अ) 1915-1919 (ब) 1918-1922
(स) 1914-1918 (द) 1939-1945

820. यूरोप से भारत तक समुद्री मार्ग की खोज किसने की?
(अ) कोलंबस (ब) वास्को-डि-गामा
(स) मैगेलॉन (द) मार्को पोलो

821. ब्रिटेन और अर्जेंटीना के बीच 'फॉकलैंड का युद्ध' किस वर्ष हुआ था?
(अ) सन् 1980 (ब) सन् 1981
(स) सन् 1982 (द) सन् 1983

822. इंडोनेशिया का स्वतंत्रता दिवस कब मनाया जाता है?
(अ) 5 अगस्त (ब) 15 अगस्त
(स) 5 जुलाई (द) 15 जुलाई

823. पुर्तगाल ने एशिया में अपना अंतिम उपनिवेश 'मकाउ' चीन को कब सौंपा?
(अ) 10 अगस्त, 1989 (ब) 11 अप्रैल, 1999
(स) 15 नवंबर, 1999 (द) 20 दिसंबर, 1999

824. संयुक्त राष्ट्र संघ की स्थापना कब हुई?
(अ) 20 जून, 1945 (ब) 10 मई, 1944
(स) 24 मई, 1945 (द) 24 अक्तूबर, 1945

825. 'लीग ऑफ नेशंस' की स्थापना कब हुई थी?
(अ) सन् 1945 (ब) सन् 1915
(स) सन् 1920 (द) सन् 1921

उत्तर के लिए कृपया पृष्ठ सं. 165 देखें।

20

विविध

826. कामरूप किस प्रदेश का प्राचीन नाम है ?

(अ) असम (ब) उड़ीसा

(स) बिहार (द) बंगाल

827. प्राचीनतम द्रविड़ भाषा कौन सी है ?

(अ) मलयालम (ब) तेलुगू

(स) तमिल (द) कन्नड़

828. प्राचीन भारत का महानतम न्यायविद् किसे माना जाता है ?

(अ) पतंजलि (ब) पाणिनि

(स) मनु (द) कौटिल्य

829. हिजरी संवत् की गणना कब से शुरू हुई ?

(अ) 1526 ई. (ब) 712 ई.

(स) 632 ई. (द) 622 ई.

830. 'भारत का नेपोलियन' किसे कहा जाता है ?

(अ) जहाँगीर (ब) अकबर

(स) चंद्रगुप्त (द) समुद्रगुप्त

831. लिंगायत आंदोलन किसकी देन है ?

(अ) वासव (ब) विद्यारण्य

(स) अप्पर (द) पुरंदर दास

832. सम्राट् अशोक के शासनकाल की अवधि क्या थी ?

उत्तर के लिए कृपया पृष्ठ सं. 165 देखें।

(अ) 373 ई.पू.-332 ई.पू. (ब) 273 ई.पू.-232 ई.पू.
(स) 250 ई.पू.-232 ई.पू. (द) इनमें से कोई नहीं

833. प्राचीन काल में गुजरात किस नाम से जाना जाता था?
(अ) तेलंगाना (ब) सौराष्ट्र
(स) कच्छ के रन (द) कोंकण

834. 'चचनामा' किस क्षेत्र के इतिहास का प्रसिद्ध ग्रंथ है?
(अ) सिंध (ब) कश्मीर
(स) पंजाब (द) गुजरात

835. प्राचीन भारत में गणतंत्र की स्थापना किसने की थी
(अ) शाक्य (ब) लिच्छवि
(स) उपर्युक्त दोनों (द) इनमें से कोई नहीं

836. पटना शहर का पुराना नाम क्या था?
(अ) कपिलवस्तु (ब) कन्नौज
(स) कौशांबी (द) पाटलिपुत्र

837. निम्नलिखित मुगल शासकों में कौन पढ़ा-लिखा नहीं था?
(अ) बाबर (ब) हुमायूँ
(स) अकबर (द) औरंगजेब

838. बंगाल का प्राचीन नाम क्या था?
(अ) कामरूप (ब) वत्स
(स) गौड़ (द) मत्स्य

839. कौन सा मध्यकालीन साहित्यकार अपने आपको 'हिंद का तोता' कहता था?
(अ) जायसी (ब) फैजी
(स) रसखान (द) अमीर खुसरो

840. अलाउद्दीन खिलजी की बाजार नियंत्रण नीति का प्रमुख उद्देश्य क्या था?
(अ) किसानों को लाभ पहुँचाना
(ब) गरीबों के प्रति चिंता दरशाना
(स) कम लागत में बड़ी सेना रखना
(द) इनमें से कोई नहीं

उत्तर के लिए कृपया पृष्ठ सं. 165 देखें।

841. विजयनगर साम्राज्य में 'अष्ट दिग्गज' किसे कहा जाता था?
(अ) आठ मंत्रियोंवाली मंत्रिपरिषद्
(ब) आठ बहादुर योद्धाओं का दल
(स) तेलुगू भाषा के आठ महान् विद्वानों का समूह
(द) इनमें से कोई नहीं

842. नंद वंश का संस्थापक कौन था?
(अ) अशोक नंद (ब) महापद्मानंद
(स) घनानंद (द) इनमें से कोई नहीं

843. गुप्तवंश के पतन के बाद किसने उत्तर भारत के विस्तृत क्षेत्र को पुनः संगठित किया?
(अ) हर्षवर्धन (ब) शक क्षत्रप
(स) चालुक्य (द) राजपूत

844. एक रुपए का सिक्का सबसे पहले किसने चलाया?
(अ) मुहम्मद-बिन-तुगलक (ब) अकबर
(स) अलाउद्दीन खिलजी (द) शेरशाह

845. भारत में किस स्थान पर पहली बार धातु के सिक्के चलाए गए?
(अ) बिहार और पूर्वी उ.प्र. (ब) पश्चिमी भारत
(स) दक्षिण भारत (द) मध्य भारत

846. कौन सा मुसलिम शासक रानी पद्मिनी के सौंदर्य पर आकर्षित हो गया था?
(अ) अलाउद्दीन खिलजी (ब) अकबर
(स) हुमायूँ (द) बाबर

847. किस महत्त्वपूर्ण महाजनपद का साम्राज्य स्थापित हुआ था?
(अ) काशी (ब) अवंति
(स) मगध (द) कोशल

848. बहमनी तथा विजयनगर राज्यों के मध्य किस प्रदेश को लेकर संघर्ष हुआ?
(अ) बरार (ब) गोलकुंडा
(स) गुलबर्गा (द) रायचूर का दोआब

849. मराठा राज्य में 'अष्टप्रधान' क्या था?
(अ) एक प्रकार का कर
(ब) आठ प्रसिद्ध धर्मगुरुओं की एक मंडली

उत्तर के लिए कृपया पृष्ठ सं. 165 देखें।

(स) आठ मंत्रियों की एक परिषद्, जो मराठा राज्य के सलाहकार के रूप में कार्य करती थी

(द) इनमें से कोई नहीं

850. साँची किसके लिए प्रसिद्ध है?

(अ) सबसे बड़ा बौद्ध स्तूप (ब) अशोक के शिलालेख/राजादेश

(स) गुफा चित्र (द) चट्टानों से बनाए गए मंदिर

851. अकबर द्वारा चलाए गए धर्म 'दीन-ए-इलाही' का क्या अर्थ है?

(अ) विश्व शांति (ब) ईश्वर में आस्था

(स) पूजा स्थल (द) इनमें से कोई नहीं

852. भारत में सोने के सिक्के सबसे पहले किस शासक ने चलाए?

(अ) मुगल (ब) तातार

(स) कुषाण (द) आर्य

853. किस बादशाह के शासनकाल में बर्नियर भारत आया था?

(अ) औरंगजेब (ब) शाहजहाँ

(स) जहाँगीर (द) अकबर

854. रुद्रदमन किस वंश का महानतम शासक था?

(अ) मौर्य (ब) कुषाण

(स) शक (द) पल्लव

855. प्राचीन काल में रोम के साथ भारत के व्यापारिक संबंधों के प्रमाण किस स्थान पर मिले हैं?

(अ) रोपड़ (ब) लोथल

(स) मोहनजो-दड़ो (द) हड़प्पा

856. महमूद गजनवी ने भारत पर सत्रह बार आक्रमण किया। उसके लगातार आक्रमणों का प्रमुख उद्देश्य क्या था?

(अ) साम्राज्य विस्तार (ब) इसलाम का प्रसार

(स) संपत्ति लूटना (द) इनमें से कोई नहीं

857. हुमायूँ और शेरशाह सूरी के मध्य चौसा का युद्ध कब लड़ा गया था?

(अ) 1530 (ब) 1539

(स) 1540 (द) 1556

उत्तर के लिए कृपया पृष्ठ सं. 165-166 देखें।

858. निम्नलिखित में से किस अभिलेख से यह प्रमाणित होता है कि चंद्रगुप्त का प्रभाव पश्चिम भारत पर था?

(अ) कलिंग अभिलेख (ब) सोपारा अभिलेख
(स) जूनागढ़ अभिलेख (द) इनमें से कोई नहीं

859. कश्मीर के कुंडल वन में संपन्न चतुर्थ बौद्ध संगीति का सभापति कौन था?

(अ) कनिष्क (ब) अश्वघोष
(स) वसुमित्र (द) इनमें से कोई नहीं

860. बलबन की प्रसिद्ध 'लौह एवं रक्त नीति' के अंतर्गत क्या प्रावधान था?

(अ) कालाबाजारी करनेवालों को पकड़ने पर लोहे की सलाखों से दागा जाता था
(ब) विद्रोहियों की हत्या कर उनकी स्त्री और बच्चों को दास बना लिया जाता था
(स) विद्रोहियों को दीवारों में चिनवा दिया जाता था
(द) इनमें से कोई नहीं

861. भारतीयों के लिए महान् 'सिल्क मार्ग' किसने आरंभ किया?

(अ) कनिष्क (ब) अशोक
(स) हर्ष (द) चंद्रगुप्त

862. यादव सम्राटों की राजधानी कहाँ थी?

(अ) वारंगल (ब) द्वार समुद्र
(स) कल्याणी (द) देवगिरि

863. सिंधु घाटी के लोग इनमें से किसकी पूजा नहीं करते थे?

(अ) पीपल का पेड़ (ब) पशुपति
(स) नंदी (बैल) (द) गाय

864. तुगलक वंश का कौन सा शासक था, जिसने अपनी राजधानी को दिल्ली से स्थानांतरित किया और उसका नाम दौलताबाद रखा?

(अ) गयासुद्दीन तुगलक (ब) मुहम्मद-बिन-तुगलक
(स) फिरोजशाह तुगलक (द) तुगलक शाह

865. किस ऋग्वैदिक देवता की पूजा हड़प्पा काल में भी होती थी?

(अ) सूर्य (ब) रुद्र (पशुपति शिव)
(स) विष्णु (द) इंद्र

उत्तर के लिए कृपया पृष्ठ सं. 166 देखें।

866. किस वेद में दस राजाओं के मध्य लड़ाई का वर्णन मिलता है ?

(अ) यजुर्वेद (ब) अथर्ववेद

(स) सामवेद (द) ऋग्वेद

867. सिंधु घाटी की सभ्यता के संबंध में कौन सा कथन सही है ?

(अ) इस सभ्यता के लोगों को लिपि का ज्ञान था

(ब) लोग जाड़े में पहनने के लिए ऊनी वस्त्रों का प्रयोग करते थे

(स) सड़कों और गलियों का निर्माण योजनाबद्ध ढंग से किया गया था

(द) उपर्युक्त सभी

868. चंद्रगुप्त मौर्य का राज्याभिषेक कब हुआ था ?

(अ) 326 ई.पू. (ब) 323 ई.पू.

(स) 321 ई.पू. (द) 322 ई.पू.

869. नवपाषाण काल में किस स्थान पर मालिकों के साथ उनके पालतू कुत्तों को भी दफना दिया जाता था ?

(अ) बुर्जहोम (ब) भीमबेटका

(स) गुफ्फराल (द) चिरैंड

870. सिंधु घाटी के किस स्थान पर चाँदी के बरतन मिले थे ?

(अ) कालीबंगा (ब) चन्हू-दड़ो

(स) मोहनजो-दड़ो (द) रोज्दी

871. हड़प्पा काल के किस शहर में उत्खनन के दौरान कपड़े का टुकड़ा पाया गया ?

(अ) लोथल (ब) कालीबंगा

(स) हड़प्पा (द) मोहनजो-दड़ो

872. किस पहाड़ी पर जैन धर्म के सर्वाधिक गुफा मंदिर बने हैं ?

(अ) शत्रुंजय (ब) एलोरा

(स) खांडगिरि (द) इनमें से कोई नहीं

873. उत्तर वैदिक काल में 'राष्ट्र' शब्द का क्या अर्थ होता था ?

(अ) जनपद (ब) भौगोलिक क्षेत्र

(स) देश (द) इनमें से कोई नहीं

874. 'सुवर्ण नगरी' किस मौर्य प्रांत की राजधानी थी ?

उत्तर के लिए कृपया पृष्ठ सं. 166 देखें।

(अ) दक्षिणापथ (ब) गांधार
(स) अवंति (द) अस्माक

875. दिल्ली सल्तनत के किस सुलतान ने गुलाम तुर्क सरदारों के गुट 'चालीसा' को अंतिम रूप से समाप्त कर दिया?
(अ) रजिया बेगम (ब) इल्तुतमिश
(स) बलबन (द) बहरामशाह

876. अशोक के किस स्तंभ पर चार बैल चित्रित हैं?
(अ) सालेमपुर (ब) महरौली
(स) तक्षशिला (द) सारनाथ

877. किस राजवंश ने भारत में एक ही भूभाग पर साथ-साथ दो शासकों के शासन की परंपरा अपनाई?
(अ) पार्थियन (ब) हिंद-यूनानी
(स) कुषाण (द) शक

878. संगम काल में 'अरर' कौन हुआ करते थे?
(अ) जासूस (ब) पर्यवेक्षक
(स) मजदूर (द) घुमक्कड़ भिक्षु

879. किस काल में गुप्त शासकों ने भारत में राजनीतिक एकता स्थापित की?
(अ) 330-475 ई. (ब) 335-445 ई.
(स) 275-415 ई. (द) 320-450 ई.

880. गुप्तकाल में 'कविराज' की उपाधि किसे दी गई थी?
(अ) समुद्रगुप्त (ब) हरिसेण
(स) शूद्रक (द) कालिदास

881. किस स्थान पर गुप्तकालीन नर्तकी के साथ वाद्य बजाती हुई लड़की का चित्र मिला है?
(अ) गया (ब) देवगढ़
(स) नचणा (द) पवाया

882. 30 दिसंबर, 1530 को हुमायूँ का राज्याभिषेक किस स्थान पर हुआ?
(अ) आगरा (ब) दिल्ली
(स) काबुल (द) लाहौर

उत्तर के लिए कृपया पृष्ठ सं. 166 देखें।

883. बोध गया का बोधिवृक्ष, जिसके नीचे महात्मा बुद्ध को ज्ञान प्राप्त हुआ था, को किसने कटवाया था?

(अ) देवपाल (ब) शशांक

(स) पुल्केशिन (द) हर्ष

884. सन् 1204 में जब बख्तियार खिलजी ने बंगाल पर आक्रमण कर उसपर विजय प्राप्त की थी, उस समय बंगाल की राजधानी कहाँ थी?

(अ) सोनारगाँव (ब) नाडिया

(स) कालीपुर (द) कालीघाट

885. याकूत खाँ की हत्या के बाद रजिया बेगम को कैद करके कहाँ रखा गया था?

(अ) कन्नौज (ब) ताबरहिंद

(स) दिल्ली (द) सरहिंद

886. बलबन का समकालीन इतिहासकार कौन था?

(अ) बरनी (ब) अबुल फजल

(स) अलबरूनी (द) इनमें से कोई नहीं

887. तंजौर में राजराजेश्वर मंदिर का निर्माण कार्य कब पूरा हुआ?

(अ) सन् 1011 (ब) सन् 1111

(स) सन् 1010 (द) सन् 1150

888. प्राचीन भारत में निम्नलिखित में से कौन सी एक लिपि दाईं ओर से बाईं ओर लिखी जाती थी?

(अ) खरोष्ठी (ब) शारदा

(स) ब्राह्मी (द) नंदनगरी

889. सन् 1299 में गुजरात पर अलाउद्दीन खिलजी के अभियान के समय वहाँ का शासक कौन था?

(अ) राणा समल (ब) राय किरण

(स) राजा वीरसिंह (द) राय जयसिंह

890. चैतन्य महाप्रभु बंगाल के किस सुल्तान के समकालीन थे?

(अ) अलाउद्दीन हुसैन (ब) राजा गणेश

(स) इलियास शाह (द) गयासुद्दीन आजम शाह

उत्तर के लिए कृपया पृष्ठ सं. 166 देखें।

891. शेरशाह का उत्तराधिकारी कौन था ?

(अ) अशरफ शाह (ब) इसलाम शाह

(स) फरीद खाँ (द) इनमें से कोई नहीं

892. मालवा का कौन सा शासक मेवाड़ के राणा कुंभा का शत्रु था ?

(अ) इब्राहिम लोदी (ब) हुशंग शाह

(स) महमूद खिलजी (द) इनमें से कोई नहीं

893. राजस्थान पर कब्जा करने के लिए शेरशाह ने किस राजपूत शासक के साथ युद्ध किया ?

(अ) मालदेव (ब) राणा उदय सिंह

(स) राणा साँगा (द) इनमें से कोई नहीं

894. महमूद बेगढ़ ने किस संस्कृत कवि को आश्रय दिया था ?

(अ) शंकरदेव (ब) उदयराज

(स) राजशेखर (द) इनमें से कोई नहीं

895. किस राजपूत शासक ने चित्तौड़ का 'कीर्ति स्तंभ' बनवाया था ?

(अ) राणा हम्मीर (ब) राणा कुंभा

(स) राणा साँगा (द) इनमें से कोई नहीं

896. सम्राट् हर्षवर्धन की राजधानी कन्नौज वर्तमान में कहाँ पर स्थित है ?

(अ) फर्रुखाबाद जिला (उत्तर प्रदेश)

(ब) गाजियाबाद जिला (उत्तर प्रदेश)

(स) ग्वालियर जिला (मध्य प्रदेश)

(द) मेरठ जिला (उत्तर प्रदेश)

897. प्रसिद्ध चीनी यात्री ह्वेनसांग भारत से अपने देश कब लौटा ?

(अ) सन् 644 (ब) सन् 647

(स) सन् 640 (द) सन् 645

898. उत्तर भारत पर विजय पाने के बाद हर्ष ने कौन सी उपाधि धारण की ?

(अ) शिलादित्य (ब) विक्रमादित्य

(स) महाराजाधिराज (द) उत्तरपथस्वामी

899. चोल साम्राज्य का संस्थापक विजयालय किसका सामंत रह चुका था ?

(अ) प्रतिहार (ब) पल्लव

(स) राष्ट्रकूट (द) पांड्य

उत्तर के लिए कृपया पृष्ठ सं. 166 देखें।

900. मराठा शासक राजाराम की मृत्यु के बाद कौन सिंहासन पर बैठा, जिसकी संरक्षिका के रूप में ताराबाई ने मराठों का नेतृत्व किया ?

(अ) शंभाजी (ब) शाहू

(स) बाजीराव प्रथम (द) शिवाजी द्वितीय

901. गुप्तकाल का कौन सा स्थान 'रामायण' के बालि-वध घटना से जुड़ा है ?

(अ) देवगढ़ (ब) नचणा

(स) उदयगिरि (द) पवाया

902. गुप्तकाल में किस बौद्ध विद्वान् ने पाणिनि के प्रसिद्ध व्याकरण ग्रंथ 'अष्टाध्यायी' के कुछ नियमों को हटाकर पाँच नए नियम जोड़े ?

(अ) चंद्रदेव (ब) चंद्रभद्र

(स) चंद्रगोमिया (द) भद्रानंद

903. दिल्ली में हुमायूँ ने कौन सा नया शहर स्थापित किया था ?

(अ) जहानाबाद (ब) शाहजहाँबाद

(स) दीनपनाह (द) इनमें से कोई नहीं

904. सन् 1761 में पानीपत के तीसरे युद्ध में मराठों की पराजय के कारणों में से कौन सा सही है ?

(अ) छापामार रणनीति का त्याग (ब) संयुक्त मोर्चे का अभाव

(स) सेना की विशालता (द) उपर्युक्त सभी

905. अलबुकर्क ने कब गोवा पर अधिकार करके उसे पुर्तगालियों का प्रमुख व्यापारिक केंद्र बना लिया ?

(अ) 1509 ई. (ब) 1510 ई.

(स) 1512 ई. (द) 1516 ई.

906. सन् 1690 के बाद डच ईस्ट इंडिया कंपनी का प्रमुख केंद्र कहाँ था ?

(अ) मछलीपट्टनम (ब) कोचीन

(स) नागापट्टम (द) पुलिकट

907. 'हिंदव धर्मोद्धारक' की उपाधि निम्नलिखित में से किस शासक को दी गई थी ?

(अ) शिवाजी (ब) हर्षवर्धन

(स) राणा प्रताप (द) इनमें से कोई नहीं

उत्तर के लिए कृपया पृष्ठ सं. 166 देखें।

908. वास्को-डि-गामा ने भारत की दूसरी यात्रा कब की थी ?

(अ) सन् 1503 (ब) सन् 1501

(स) सन् 1502 (द) सन् 1500

909. काकतीय वंश का अंतिम शासक कौन था, जिसे मारकर अलाउद्दीन खिलजी ने इस वंश का अंत कर दिया ?

(अ) प्रोलराज (ब) रुद्र

(स) रुद्रमा (द) प्रतापरुद्र

910. सदाशिवराव भाऊ के नेतृत्व में मराठा सेना ने उदगिर में हैदराबाद के चौथे निजाम को कब पराजित किया ?

(अ) सन् 1762 (ब) सन् 1760

(स) सन् 1758 (द) सन् 1764

911. चंदेल शासकों के समकालीन कल्चुरियों ने किस क्षेत्र में शासन किया ?

(अ) विंध्य (ब) वाराणसी

(स) उदगिर (द) महाकौशल

912. सन् 1759 में हैदर अली ने किस विरोधी शक्ति से श्रीरंगपट्टनम की रक्षा की ?

(अ) निजामशाही (ब) मराठा

(स) ब्रिटिश (द) फ्रांसीसी

913. निम्नलिखित में से कौन सा शासक जैन संत भद्रबाहु का समकालीन था ?

(अ) मेनंदर (ब) चंद्रगुप्त मौर्य

(स) गौतमीपुत्र शातकर्णी (द) रुद्रदमन

914. ब्रिटिश ईस्ट इंडिया कंपनी को बंगाल के हुगली शहर में व्यापार करने की अनुमति कब मिली ?

(अ) सन् 1653 (ब) सन् 1652

(स) सन् 1651 (द) सन् 1650

915. जुलाई 1781 में ब्रिटिश जनरल आयर कूटे ने हैदर अली को किस स्थान पर पराजित किया था ?

(अ) पोर्टो नोवो (ब) मद्रास

(स) श्रीरंगपट्टनम (द) इनमें से कोई नहीं

उत्तर के लिए कृपया पृष्ठ सं. 166 देखें।

916. पेशवा पद प्राप्त करने के लिए किस मराठा ने अंग्रेजों से सहायता माँगी, जिसके फलस्वरूप प्रथम आंग्ल–मराठा युद्ध हुआ ?

(अ) रघुनाथराव (ब) नारायणराव

(स) माधवराव (द) नाना फड़नवीस

917. निम्नलिखित में से किस वायसराय ने भारतीय सिविल सेवा में भरती के लिए अधिकतम आयु 21 वर्ष से घटाकर 19 वर्ष कर दी ?

(अ) लॉर्ड लिटन (ब) लॉर्ड कर्जन

(स) लॉर्ड विलियम वेंटिक (द) वॉरेन हेस्टिंग्स

918. ब्रिटिश कालीन भारत में विधि आयोग कब गठित हुआ ?

(अ) सन् 1834 (ब) सन् 1832

(स) सन् 1833 (द) सन् 1854

919. अंग्रेजों के शासनकाल में भारत में कुल कितने प्रांतीय न्यायालय थे ?

(अ) दो (ब) तीन

(स) चार (द) पाँच

920. निम्नलिखित में से कौन लगातार छह वर्षों तक कांग्रेस के अध्यक्ष पद पर रहा ?

(अ) दादाभाई नौरोजी (ब) पं. जवाहरलाल नेहरू

(स) डॉ. राजेंद्र प्रसाद (द) मौलाना अबुल कलाम आजाद

921. भारतीय दंड संहिता तैयार करने के लिए विधि आयोग की अध्यक्षता किसने की थी ?

(अ) डलहौजी (ब) मैकाले

(स) जे.एस. मिल (द) विलियम वेंटिक

922. बंगाल की प्रेसीडेंसी को कॉर्नवालिस ने कितने क्षेत्रीय न्यायालयों में बाँटा था ?

(अ) दो (ब) तीन

(स) चार (द) पाँच

923. कांपिली दक्षिण भारत का अंतिम हिंदू राज्य था; इसे दिल्ली सल्तनत में कब मिला लिया गया ?

(अ) सन् 1325 (ब) सन् 1326

(स) सन् 1328 (द) सन् 1335

उत्तर के लिए कृपया पृष्ठ सं. 166-167 देखें।

924. 'स्वर्ण पैगोडा' तथा 'ताम्र जितल' किस साम्राज्य के सिक्के थे?

(अ) बहमनी (ब) विजयनगर

(स) मौर्य (द) गुप्त

925. लॉर्ड विलियम वेंटिक के अलावा अन्य किस अंग्रेज ने शिशु हत्या पर प्रतिबंध लगाने में महत्त्वपूर्ण भूमिका निभाई?

(अ) लॉर्ड मैटकॉफ (ब) लॉर्ड डलहौजी

(स) लॉर्ड वेलेजली (द) लॉर्ड हार्डिंग

926. कलकत्ता, बंबई और मद्रास में संबद्ध विश्वविद्यालय कब स्थापित किए गए?

(अ) सन् 1858 (ब) सन् 1857

(स) सन् 1856 (द) सन् 1854

927. सन् 1857 की क्रांति के समय निर्वासित बहादुरशाह द्वितीय की रंगून में मृत्यु कब हुई थी?

(अ) सन् 1862 (ब) सन् 1861

(स) सन् 1860 (द) सन् 1859

928. सन् 1825 में वेदांत कॉलेज की स्थापना किसने की?

(अ) केशवचंद्र सेन (ब) राजा राममोहन राय

(स) दयानंद सरस्वती (द) स्वामी विवेकानंद

929. देवेंद्रनाथ टैगोर ने 'ब्रह्म समाज' दुबारा सुदृढ़ कब किया था?

(अ) सन् 1840 (ब) सन् 1842

(स) सन् 1843 (द) सन् 1839

930. 'ब्रह्म समाज' का सर्वाधिक प्रभाव निम्नलिखित में से किस पर पड़ा था?

(अ) प्रार्थना सभा (ब) आर्य समाज

(स) आत्मीय सभा (द) इनमें से कोई नहीं

931. ईश्वरचंद्र विद्यासागर ने किस वर्ग के लिए संस्कृत कॉलेज के द्वार खोल दिए थे?

(अ) जनजातियों (ब) ब्राह्मणेतर वर्ग

(स) महिलाओं (द) यूरोपीय

932. मैसूर के श्रवणबेलगोला में गोमतेश्वर की विशाल प्रतिमा किसके द्वारा स्थापित की गई थी?

उत्तर के लिए कृपया पृष्ठ सं. 167 देखें।

(अ) ऋषभ (ब) पार्श्वनाथ
(स) चामुंडराय (द) रामदास

933. दादाभाई नौरोजी भारतीय राष्ट्रीय कांग्रेस के अध्यक्ष कितनी बार चुने गए?
(अ) एक (ब) चार
(स) तीन (द) दो

934. भारतीय मुद्रा का नाम 'रुपया' सबसे पहले किस शासक ने रखा था?
(अ) अकबर (ब) जहाँगीर
(स) शेरशाह सूरी (द) अलाउद्दीन खिलजी

935. बंबई में बुलाए गए भारतीय राष्ट्रीय कांग्रेस के प्रथम अधिवेशन में कितने सदस्य थे?
(अ) 80 (ब) 72
(स) 75 (द) 125

936. प्राचीन काल में उत्तर भारत का सर्वश्रेष्ठ शिक्षा केंद्र कौन सा था?
(अ) नालंदा (ब) मथुरा
(स) उज्जैन (द) इनमें से कोई नहीं

937. भारतीय विश्वविद्यालय अधिनियम कब पारित हुआ?
(अ) सन् 1906 (ब) सन् 1905
(स) सन् 1904 (द) सन् 1903

938. विश्व इतिहास में 'शतवार्षिक युद्ध' के नाम से प्रसिद्ध युद्ध किन-किन देशों के मध्य लड़ा गया?
(अ) फ्रांस व इंग्लैंड (ब) फ्रांस व जर्मनी
(स) भारत व बर्मा (द) इंग्लैंड व रूस

939. भारत सरकार अधिनियम, 1935 में निम्नलिखित में से क्या शामिल नहीं था?
(अ) प्रांतीय स्वायत्तता आरंभ की गई
(ब) संविधान के अधिकारों का परिचय दिया गया
(स) भारतीयों पर प्रदर्शन करने की पाबंदी थी
(द) उपर्युक्त में से कोई नहीं

940. सन् 1858 की राजघोषणा में अंग्रेज सरकार द्वारा कौन से वायदे नहीं किए गए?

उत्तर के लिए कृपया पृष्ठ सं. 167 देखें।

(अ) भारतीय राजकुमारों के अधिकारों का सम्मान किया जाएगा
(ब) अंग्रेज भारत में अपना साम्राज्य और अधिक नहीं फैलाएँगे
(स) भारत को आजादी दी जाएगी
(द) भारतीयों को भारतीय सिविल सेवा परीक्षा में शामिल होने की अनुमति होगी।

941. मौलाना अबुल कलाम आजाद ने 'अल-हिलाल' अखबार कब शुरू किया था?
(अ) सन् 1913 (ब) सन् 1912
(स) सन् 1911 (द) सन् 1910

942. 'अल-हिलाल' तथा 'कामरेड' अखबारों पर अंग्रेज सरकार द्वारा कब प्रतिबंध लगा दिया गया?
(अ) सन् 1917 (ब) सन् 1916
(स) सन् 1914 (द) सन् 1915

943. एनी बेसेंट के अलावा होमरूल लीग का अन्य नेता इनमें से कौन था?
(अ) एस. सुब्रह्मण्यम अय्यर (ब) गोपाल कृष्ण गोखले
(स) हजरत मोहानी (द) इनमें से कोई नहीं

944. 'अखिल भारतीय हिंदू महासभा' का पहला अधिवेशन कब हुआ था?
(अ) अप्रैल 1915 (ब) अगस्त 1915
(स) अप्रैल 1916 (द) जून 1915

945. अमृतसर स्थित अकाल तख्त का निर्माण किसने करवाया था?
(अ) गुरु गोविंद सिंह (ब) गुरु अर्जन देव
(स) गुरु हरगोविंद (द) गुरु रामदास

946. भारत की आजादी के बाद किस रियासत को भारत में शामिल करने के लिए सैन्य काररवाई करनी पड़ी थी?
(अ) मैसूर (ब) हैदराबाद
(स) बंगाल (द) इनमें से कोई नहीं

947. गांधीजी ने अहमदाबाद में साबरमती आश्रम की स्थापना कब की?
(अ) सन् 1918 (ब) सन् 1917
(स) सन् 1916 (द) सन् 1915

उत्तर के लिए कृपया पृष्ठ सं. 167 देखें।

948. सन् 1918 में मुंबई में आयोजित भारतीय राष्ट्रीय कांग्रेस के विशेष अधिवेशन का अध्यक्ष कौन था?

(अ) हसन इमाम (ब) मोतीलाल नेहरू

(स) सुरेंद्रनाथ बनर्जी (द) मौलाना अबुल कलाम आजाद

949. कलकत्ता विश्वविद्यालय से स्नातक की डिग्री लेनेवाले पहले दो स्नातकों में से एक बंकिमचंद्र चटर्जी किस वर्ष स्नातक हुए?

(अ) सन् 1860 (ब) सन् 1857

(स) सन् 1859 (द) सन् 1858

950. अंग्रेजों ने किस वर्ष अहस्तक्षेप की पूर्ववर्ती नीति छोड़कर भारतीय संस्कृति और समाज को बदलने की नीति अपनाई?

(अ) सन् 1835 (ब) सन् 1833

(स) सन् 1813 (द) सन् 1812

951. 'पिट्स इंडिया एक्ट' के तहत भारत सरकार गवर्नर जनरल तथा परिषद् के नियंत्रण में आ गई। उस समय परिषद् में कितने सदस्य थे?

(अ) दो (ब) तीन

(स) चार (द) सात

952. सन् 1921-22 में जामिया मिल्लिया इस्लामिया की स्थापना किस शहर में हुई?

(अ) मेरठ (ब) लखनऊ

(स) दिल्ली (द) अलीगढ़

953. अखिल भारतीय किसान सभा की स्थापना कब हुई थी?

(अ) सन् 1937 (ब) सन् 1936

(स) सन् 1935 (द) सन् 1934

954. मुसलिम लीग ने किस वर्ष पाकिस्तान की माँग की थी?

(अ) सन् 1944 (ब) सन् 1942

(स) सन् 1940 (द) सन् 1939

955. भारतीय राष्ट्रीय कांग्रेस के अधिवेशन में 'भारत छोड़ो प्रस्ताव' कब पारित हुआ?

(अ) 11 अक्तूबर, 1942 (ब) 20 सितंबर, 1942

(स) 15 जुलाई, 1942 (द) 8 अगस्त, 1942

उत्तर के लिए कृपया पृष्ठ सं. 167 देखें।

956. भारत में अंग्रेजी शासन के दौरान किस गवर्नर जनरल पर महाभियोग का मुकदमा चलाया गया था ?

(अ) लॉर्ड क्लाइव (ब) वॉरेन हेस्टिंग्स

(स) लॉर्ड केनिंग (द) इनमें से कोई नहीं

957. अमेरिका के पूर्वी तट पर ब्रिटिश उपनिवेशों की सेना को वाशिंगटन ने कब पराजित किया, जिसके परिणामस्वरूप अमेरिका की स्वतंत्रता अस्तित्व में आई ?

(अ) सन् 1778 (ब) सन् 1776

(स) सन् 1785 (द) सन् 1786

958. महात्मा बुद्ध ने अपना पहला उपदेश कहाँ दिया ?

(अ) गया (ब) साँची

(स) सारनाथ (द) लुंबिनी

959. कमांडर आई. ई. पियरे द्वारा उत्तरी ध्रुव की खोज कब की गई ?

(अ) सन् 1909 (ब) सन् 1910

(स) सन् 1919 (द) सन् 1918

960. सम्राट् अशोक पर पड़े कलिंग युद्ध के प्रभावों का पता किससे चलता है ?

(अ) खुदाई (ब) स्तंभ पर राज्यादेश

(स) शिलालेख (द) इनमें से कोई नहीं

961. भारत की स्वतंत्रता के समय ब्रिटेन का प्रधानमंत्री कौन था ?

(अ) लॉर्ड विल्सन (ब) लॉर्ड माउंटबेटन

(स) विंस्टन चर्चिल (द) क्लीमेंट एटली

962. किस गुफा में ब्रह्मा-विष्णु-महेश की 'त्रिमूर्ति' मिलती है ?

(अ) एलोरा (ब) एलीफेंटा

(स) अजंता (द) कान्हेरी

963. भारतीय कला की किस शैली पर मुगल संस्कृति का सर्वाधिक प्रभाव दिखाई देता है ?

(अ) नृत्य (ब) स्थापत्य कला

(स) चित्रकला (द) मूर्तिकला

964. भारत का निम्नलिखित में से कौन सा शासक वंश सबसे प्राचीन है ?

उत्तर के लिए कृपया पृष्ठ सं. 167 देखें।

(अ) कण्व (ब) कुषाण

(स) गुप्त (द) मौर्य

965. यूनान में प्रथम ओलंपिक खेलों का आयोजन कब किया गया?

(अ) 778 ई.पू. (ब) 776 ई.पू.

(स) 753 ई.पू. (द) 756 ई.पू.

966. महाबलीपुरम नगर किसने स्थापित किया था?

(अ) चालुक्य (ब) चोल

(स) पांड्य (द) पल्लव

967. 78 ई. में किसने शक संवत् की शुरुआत की थी?

(अ) मिहिरगुल (ब) कनिष्क

(स) चंद्रगुप्त (द) अशोक

968. अपने चाचा की हत्या कर दिल्ली के सिंहासन पर बैठनेवाला शासक इनमें से कौन था?

(अ) फिरोजशाह (ब) सिकंदर लोदी

(स) मुहम्मद तुगलक (द) अलाउद्दीन खिलजी

969. नादिरशाह ने भारत पर आक्रमण कब किया था?

(अ) सन् 1739 (ब) सन् 1736

(स) सन् 1740 (द) सन् 1753

970. जब नादिरशाह ने भारत पर आक्रमण किया था, उस समय दिल्ली का शासक कौन था?

(अ) शाहआलम (ब) मुहम्मदशाह

(स) फर्रुखशियर (द) आलमगीर द्वितीय

971. सर थॉमस रो जहाँगीर के समय में भारत क्यों आया था?

(अ) राजनीतिक उद्देश्य से (ब) धार्मिक उद्देश्य से

(स) व्यापारिक कारणों से (द) इनमें से कोई नहीं

972. कौटिल्य के ग्रंथ 'अर्थशास्त्र' का संबंध किससे है?

(अ) धर्म से (ब) आर्थिक नीति से

(स) राजनीति से (द) सामाजिक व्यवस्था से

उत्तर के लिए कृपया पृष्ठ सं. 167 देखें।

973. 'जंजीर की न्याय व्यवस्था' किसने लागू की थी ?
(अ) अकबर (ब) बाबर
(स) हुमायूँ (द) जहाँगीर

974. सन् 1527 में बाबर और राणा संग्राम सिंह के मध्य किस स्थान पर युद्ध हुआ था ?
(अ) तराइन (ब) पानीपत
(स) खानवा (द) इनमें से कोई नहीं

975. महमूद गजनवी ने सोमनाथ के मंदिर पर कब आक्रमण किया था ?
(अ) सन् 925 (ब) सन् 1025
(स) सन् 1015 (द) सन् 1035

976. मुहम्मद-बिन-कासिम ने सिंध पर कब आक्रमण किया था ?
(अ) सन् 712 (ब) सन् 710
(स) सन् 708 (द) सन् 700

977. 'प्लिनी' कौन था ?
(अ) प्राचीन यूनानी यात्री (ब) प्राचीन यूनानी लेखक
(स) प्राचीन यूनानी वैज्ञानिक (द) प्राचीन यूनानी भूगोलवेत्ता

978. चंदबरदाई किस महान् हिंदू सम्राट् का दरबारी कवि था ?
(अ) पृथ्वीराज चौहान (ब) परमर्दिदेव
(स) चंद्रगुप्त मौर्य (द) इनमें से कोई नहीं

979. पुर्तगाली सर्वप्रथम किस वस्तु के व्यापार के लिए भारत की ओर आकृष्ट हुए थे ?
(अ) कपड़ा (ब) हाथी
(स) स्वर्ण-आभूषण (द) मसाले

980. इंग्लैंड में 'गौरवपूर्ण (रक्तहीन) क्रांति' कब हुई थी ?
(अ) सन् 1600 (ब) सन् 1688
(स) सन् 1588 (द) सन् 1500

981. भारत में 'कलकत्ता हाई कोर्ट' की स्थापना किसके काल में की गई थी ?
(अ) लॉर्ड डफरिन (ब) लॉर्ड मैकाले
(स) वॉरेन हेस्टिंग्स (द) इनमें से कोई नहीं

उत्तर के लिए कृपया पृष्ठ सं. 167-168 देखें।

982. 23 जुलाई, 1940 को नेताजी सुभाषचंद्र बोस को नजरबंद करके कहाँ रखा गया था?

(अ) यरवदा (ब) मांडले

(स) लाहौर (द) कलकत्ता

983. हर्षवर्धन के शासनकाल में संस्कृत का प्रसिद्ध विद्वान् कौन था?

(अ) कालिदास (ब) दंडी

(स) बाणभट्ट (द) अमर सिंह

984. कोणार्क का 'सूर्य मंदिर' किसने बनवाया था?

(अ) नरसिंह वर्मन (ब) नरसिंहदेव वर्मन द्वितीय

(स) अनंत वर्मन (द) कृष्ण वर्मन

985. अजमेर में 'अढ़ाई दिन का झोंपड़ा' किसने बनवाया था?

(अ) बलबन (ब) इल्तुतमिश

(स) अलाउद्दीन खिलजी (द) कुतुबुद्दीन ऐबक

986. 'शांति पुरुष' के नाम से किस राष्ट्रवादी नेता को जाना जाता है?

(अ) पं. जवाहरलाल नेहरू (ब) लाल बहादुर शास्त्री

(स) डॉ. राजेंद्र प्रसाद (द) जयप्रकाश नारायण

987. अकबर और महाराणा प्रताप के बीच हल्दीघाटी का युद्ध कब हुआ था?

(अ) सन् 1526 (ब) सन् 1556

(स) सन् 1576 (द) सन् 1586

988. महाराजा रणजीत सिंह ने कोहिनूर हीरा किससे प्राप्त किया था?

(अ) अंग्रेजों से (ब) बाबर से

(स) शाहशुजा से (द) इनमें से कोई नहीं

989. 'जहाँगीर महल' कहाँ स्थित है?

(अ) जयपुर (ब) आगरा

(स) दिल्ली (द) फतेहपुर सीकरी

990. अकबर के दरबार में दो भाई थे, जो अत्यधिक विद्वान् थे। उनमें से एक का नाम अबुल फजल था, दूसरे का क्या नाम था?

(अ) तानसेन (ब) फैजल

(स) फैजी (द) इनमें से कोई नहीं

991. चंगेज खाँ ने किसके शासन काल में भारत पर आक्रमण किया था?

(अ) इल्तुतमिश (ब) बाबर

उत्तर के लिए कृपया पृष्ठ सं. 168 देखें।

(स) अलाउद्दीन खिलजी (द) गयासुद्दीन तुगलक

992. सन् 1886 में किस वाइसराय द्वारा कांग्रेस के सदस्यों को गार्डन पार्टी के लिए आमंत्रित किया गया था?

(अ) लॉर्ड मेयो (ब) लॉर्ड लिटन

(स) लॉर्ड डफरिन (द) लॉर्ड केनिंग

993. 'बारदोली सत्याग्रह' के प्रमुख नेता कौन थे?

(अ) सरदार वल्लभभाई पटेल (ब) आचार्य विनोबा भावे

(स) महात्मा गांधी (द) इनमें से कोई नहीं

994. बाल गंगाधर तिलक ने कौन सा अंग्रेजी समाचार-पत्र निकाला था?

(अ) मराठा (ब) बॉम्बे क्रॉनिकल

(स) यंग इंडिया (द) बंगाल गजट

995. गांधीजी ने सन् 1942 के भारत छोड़ो आंदोलन के दौरान कौन सा नारा दिया था?

(अ) करो या मरो (ब) आराम हराम है

(स) वंदे मातरम् (द) दिल्ली चलो

996. गांधीजी ने किस गोलमेज सम्मेलन में भाग नहीं लिया था?

(अ) प्रथम (ब) द्वितीय

(स) तृतीय (द) इनमें से कोई नहीं

997. प्रसिद्ध क्रांतिकारी मदनलाल ढींगरा को अंग्रेजों द्वारा फाँसी कब दी गई थी?

(अ) जुलाई 1909 (ब) अप्रैल 1908

(स) मार्च 1930 (द) जुलाई 1930

998. द्वितीय विश्व युद्ध शुरू होने से पूर्व भारतीयों की ब्रिटिशों से क्या माँग थी?

(अ) पूर्ण स्वतंत्रता (ब) भारत को औपनिवेशिक दर्जा

(स) संयुक्त स्वायत्तता (द) इनमें से कोई नहीं

999. सन् 1937 के चुनावों के बाद कांग्रेस कितने प्रांतों में मंत्रिमंडल बना सकी?

(अ) दस (ब) बारह

(स) आठ (द) तेरह

1000. ब्रिटिश संसद् के प्रथम भारतीय सदस्य के रूप में किसे चुना गया था?

(अ) महात्मा गांधी (ब) पं. जवाहरलाल नेहरू

(स) दादाभाई नौरोजी (द) मौलाना अबुल कलाम आजाद

☐

उत्तर के लिए कृपया पृष्ठ सं. 168 देखें।

उत्तर-सूची

1. (स) धौलवीर
2. (द) लिपि
3. (स) सिंधु क्षेत्र
4. (द) अनेक प्रकार की विपत्तियाँ
5. (अ) सिक्कों की ढलाई
6. (ब) कालीबंगा
7. (अ) नगरीय व्यवस्था
8. (द) सेलखड़ी
9. (स) पक्की मिट्टी
10. (द) लोथल
11. (अ) 16
12. (स) व्यापारी
13. (अ) पशुपति
14. (ब) गेहूँ
15. (स) लोथल
16. (स) जुआ
17. (ब) हड़प्पा और मोहनजो-दड़ो
18. (अ) प्रकृति
19. (स) सन् 1921
20. (स) हड़प्पा
21. (ब) 2500 ई.पू.
22. (ब) गुजरात
23. (अ) सर मार्टिमर व्हीलर
24. (ब) यह नगरीय सभ्यता थी
25. (अ) लोथल
26. (द) मोहनजो-दड़ो
27. (द) नगर योजना
28. (अ) अभी तक नहीं समझी गई
29. (अ) मोहनजो-दड़ो
30. (ब) मृतकों का टीला
31. (स) मोहनजो-दड़ो
32. (अ) हड़प्पा सभ्यता
33. (अ) सूती और ऊनी
34. (द) रोम
35. (स) ग्रिड पैटर्न के अनुसार
36. (स) नगरीय व्यवस्था
37. (द) हलका पीला (गेहुँआ रंग)
38. (ब) 2200 ई.पू.-2000 ई.पू.
39. (स) सिंधु घाटी सभ्यता के लोग
40. (ब) सिंध (पाकिस्तान)
41. (ब) मोहनजो-दड़ो
42. (द) सुत्काजिनदार
43. (ब) रोज्दी
44. (स) देसलपुर
45. (अ) लोथल
46. (स) श्रुति
47. (ब) सामवेद
48. (अ) होता
49. (द) गायें
50. (अ) शतपथ ब्राह्मण

51. (ब) वेद मंत्रों का संग्रह है
52. (अ) गोमत
53. (अ) अथर्ववेद
54. (स) युद्ध (गौ की खोज)
55. (द) उपर्युक्त सभी
56. (अ) संगीत
57. (द) एक बार भी नहीं
58. (स) युद्ध की लूटपाट से प्राप्त माल
59. (स) वैदिक काल की एक ब्रह्मवादिनी नारी
60. (स) ब्रह्मर्षि देश
61. (ब) सिंधु
62. (स) हिंद-ईरानी
63. (द) ऋग्वेद का पुरुष सूक्त
64. (स) ब्राह्मण
65. (अ) वेदांत
66. (ब) सूर्य
67. (द) 600 ई.पू.
68. (स) कृषि
69. (ब) जैमिनी
70. (द) मानवीकृत प्राकृतिक शक्तियाँ
71. (अ) संहिता
72. (स) इंद्र
73. (अ) कल्पसूत्र
74. (स) अग्नि
75. (ब) गौशाला
76. (द) अ और स दोनों
77. (अ) आर्येतर जाति
78. (द) लोहा
79. (स) 1028
80. (द) इंद्र
81. (ब) ऋषि
82. (स) विस्
83. (द) शिक्षण नियमावली
84. (अ) स्त्रियों में पर्दा-प्रथा प्रचलित थी
85. (द) त्रिपिटक
86. (स) 24 हजार
87. (द) 1 लाख
88. (स) 400 ई.
89. (अ) 300 ई.पू.-200 ई. पू.
90. (स) उत्तर वैदिक काल
91. (ब) 1/10
92. (स) गाँवों में
93. (ब) पितृसत्तात्मक
94. (अ) गंधार
95. (द) उपर्युक्त सभी
96. (स) महर्षि वेदव्यास
97. (स) ललितादित्य मुक्तापीड
98. (द) ललितादित्य मुक्तापीड
99. (ब) राजा भोज
100. (स) यशोवर्मन
101. (द) जयचंद
102. (ब) राजा दाहिर
103. (अ) 20 जून, 712
104. (ब) ललितादित्य मुक्तापीड
105. (द) उपर्युक्त सभी
106. (ब) जैन
107. (द) जयदेव
108. (ब) परमार
109. (स) जयपाल
110. (द) मुल्तान

111. (स) तराइन का दूसरा युद्ध
112. (अ) परमर्दिदेव
113. (स) भीमदेव
114. (ब) नागभट्ट प्रथम
115. (अ) कन्नौज
116. (ब) कश्मीर
117. (द) वत्सराज
118. (अ) बघेल भीम द्वितीय
119. (अ) कुछ सिक्कों में
120. (स) चंद्रगुप्त प्रथम
121. (ब) सैनिक शक्ति की कमी
122. (अ) संस्कृत
123. (स) उज्जैन
124. (अ) सोना
125. (स) कुमारगुप्त प्रथम
126. (स) जातक
127. (स) शिशुनाग
128. (ब) नंद
129. (स) समाहर्ता
130. (स) चंद्रगुप्त मौर्य
131. (अ) चीन
132. (स) प्रयाग
133. (स) ह्वेनसांग
134. (अ) अजातशत्रु
135. (द) अंगुत्तरनिकाय
136. (ब) चंद्रगुप्त विक्रमादित्य
137. (अ) कनिष्क
138. (स) कनिष्क
139. (स) समुद्रगुप्त
140. (स) उपरिक
141. (अ) कुमारगुप्त
142. (द) कनिष्क
143. (स) शिव
144. (अ) अशोक
145. (ब) पुष्यभूति
146. (स) कंबोज
147. (ब) शंकराचार्य
148. (स) हर्षवर्धन
149. (ब) उपगुप्त
150. (द) श्रीलंका
151. (ब) भारवि
152. (अ) स्वर्णभूमि
153. (ब) गुप्तकाल
154. (द) आपस्तंब
155. (ब) चंद्रगुप्त विक्रमादित्य
156. (ब) 1/10
157. (द) तेरहवें
158. (ब) कनिष्क
159. (स) कनिष्क
160. (अ) गुप्तकाल
161. (स) 16 वर्ष
162. (द) 455 ई.
163. (स) स्कंदगुप्त
164. (ब) रुद्रसेन प्रथम
165. (द) प्रवरसेन द्वितीय
166. (ब) कृष्णगुप्त
167. (स) आजीवक
168. (द) सौराष्ट्र
169. (अ) चंद्रगुप्त मौर्य
170. (ब) राजगीर
171. (स) बृहद्रथ
172. (स) तीर्थ
173. (द) ब्राह्मण
174. (स) देवगुप्त

175. (अ) उदयिन
176. (ब) रुद्रदमन प्रथम
177. (द) कुषाण
178. (अ) कल्याण
179. (ब) अशोक
180. (अ) रुद्रदमन
181. (द) शक राजा
182. (अ) कुषाण
183. (द) प्राकृत
184. (स) सातवाहन
185. (स) हेलिंस्की
186. (अ) वकटाक
187. (स) हेलियोडोरस
188. (अ) हिंद-यूनानी
189. (ब) मेनंदर
190. (ब) कण्व
191. (अ) कनिष्क
192. (ब) रोमन सिक्कों का
193. (स) सातवाहन
194. (द) सातवाहन
195. (स) ऋषभदेव
196. (द) ब्रह्मचर्य
197. (स) ऋजुपालिका नदी के किनारे
198. (द) उपर्युक्त सभी
199. (अ) प्रेम
200. (स) पावापुरी
201. (ब) पाटलिपुत्र
202. (स) सम्यक् विचार
203. (ब) वल्लभी
204. (स) 563 ई.पू.
205. (अ) जन्म-मरण
206. (स) ईश्वर में आस्था
207. (द) उपर्युक्त सभी
208. (स) अष्टांग मार्ग
209. (ब) महापरिनिर्वाण की विषय-वस्तु का
210. (अ) आचरण की शुद्धता एवं पवित्रता
211. (ब) कला तथा साहित्य
212. (स) कुशीनगर
213. (ब) श्रावस्ती
214. (अ) जैन धर्म
215. (स) धर्मचक्र प्रवर्तन
216. (अ) महाभिनिष्क्रमण
217. (स) निरंजना
218. (अ) क्विलोन
219. (अ) पल्लव
220. (ब) विजयालय
221. (द) चोल
222. (द) धर्मपाल
223. (स) शिलप्पादिकरम
224. (ब) राष्ट्रकूट
225. (अ) सक्षम नौसेना
226. (ब) कांची के पल्लव
227. (द) मान्याखेट
228. (द) पुलकेशिन द्वितीय
229. (द) राष्ट्रकूट
230. (ब) 'अष्टाध्यायी' से
231. (स) भोज
232. (द) राष्ट्रकूट
233. (ब) पुलकेशिन द्वितीय
234. (ब) धर्मपाल
235. (ब) पाल
236. (ब) राष्ट्रकूट

237. (द) प्रतिहार
238. (ब) अधिराजेंद्र
239. (अ) पत्तल
240. (स) दंतिदुर्ग
241. (ब) पाल
242. (अ) चोल
243. (स) 1/3
244. (ब) राजराजा
245. (ब) गोविंद तृतीय
246. (ब) चोल
247. (स) द्रविड़
248. (ब) उर
249. (स) कुर्रम
250. (ब) संस्कृत
251. (द) पुलकेशिन द्वितीय
252. (अ) शैलेंद्र
253. (अ) राष्ट्रकूट
254. (स) राष्ट्रकूट
255. (द) भोज परमार
256. (स) राजेंद्र प्रथम
257. (ब) दंतिदुर्ग
258. (द) सोमेश्वर
259. (ब) नरसिंहवर्मन प्रथम
260. (अ) उत्तरमेरूर
261. (अ) राजेंद्र प्रथम
262. (स) सन् 1265
263. (स) नासिरुद्दीन
264. (ब) दिल्ली
265. (द) कुतुबुद्दीन ऐबक
266. (स) कुतुबुद्दीन ऐबक
267. (अ) सेल्जक
268. (द) फिरदौसी
269. (द) बलबन
270. (अ) मुहम्मद-बिन-तुगलक
271. (ब) फिरोजशाह तुगलक
272. (ब) इल्तुतमिश
273. (स) अलाउद्दीन खिलजी
274. (स) फिरोजशाह तुगलक
275. (ब) रेहान
276. (अ) अबुल हसन
277. (स) नासिरुद्दीन खुसरो
278. (अ) धूसर बलुआ पत्थर
279. (अ) फिरोजशाह तुगलक
280. (स) फिरोज तुगलक
281. (स) जफर खाँ
282. (अ) मंडावर
283. (द) रजिया
284. (ब) बहलोल लोदी
285. (स) महमूद गजनवी
286. (स) 1398 ई.
287. (ब) फिरोजपुर
288. (अ) सन् 712
289. (द) मुहम्मद-बिन-कासिम
290. (ब) मुहम्मद-बिन-तुगलक
291. (ब) अलाउद्दीन खिलजी
292. (ब) सत्रह
293. (स) कुतुबुद्दीन ऐबक
294. (स) फारस
295. (स) मलिक काफूर
296. (ब) लाहौर
297. (स) ताजुद्दीन यल्दोज
298. (द) चौगान खेलते हुए
299. (ब) इल्तुतमिश
300. (स) मुहम्मद गोरी

301. (अ) इल्तुतमिश
302. (द) फिरोज तुगलक
303. (स) प्रशासन की एक जैसी प्रणाली
304. (स) अलाउद्दीन खिलजी
305. (स) हंपी
306. (स) सन् 1413
307. (स) सन् 1347
308. (स) मुस्तफाबाद
309. (ब) जोधपुर
310. (अ) शेरशाह
311. (अ) चौदहवीं
312. (द) कलीमुल्ला शाह
313. (स) अहमद शाह प्रथम
314. (स) राजा गणेश
315. (अ) अलाउद्दीन हुसैन
316. (ब) अहमद शाह प्रथम
317. (अ) तेलुगू
318. (स) कृष्णदेव राय
319. (अ) पेणुगोंडा
320. (ब) सन् 1565
321. (अ) मुहम्मद-बिन-तुगलक
322. (स) अलाउद्दीन बहमन शाह
323. (द) देवराय द्वितीय
324. (स) हरिहर और बुक्का
325. (ब) गुलबर्ग
326. (द) अलाउद्दीन हसन बहमन शाह
327. (अ) संगम
328. (अ) तुंगभद्रा
329. (स) अहमद शाह
330. (ब) 1/6
331. (अ) देवराय प्रथम
332. (ब) पेणुगोंडा
333. (ब) पाँच
334. (द) मांडु
335. (अ) शिराज का हफीज
336. (स) अहमद शाह प्रथम
337. (ब) सिकंदर शाह
338. (द) अलाउद्दीन हुसैन
339. (ब) शंकरदेव
340. (द) उपर्युक्त सभी
341. (स) हुशांग शाह
342. (अ) कलीमुल्लाह
343. (द) अहमद शाह प्रथम
344. (ब) सदाशिव राय
345. (स) विद्यारण्य
346. (ब) तेनाली रामकृष्ण
347. (अ) कृष्णदेव राय
348. (ब) अकबर
349. (अ) मालाधर बसु
350. (द) शार्ङ्गधर
351. (ब) चेर
352. (स) नागर
353. (द) सन् 1669
354. (द) लुंबिनी
355. (स) सारंगी
356. (अ) पंढरपुर
357. (स) रामानंद
358. (ब) जपुजी साहिब
359. (अ) इसलाम धर्म
360. (द) उपर्युक्त सभी
361. (अ) विठोबा
362. (अ) अद्वैत

363. (अ) अजमेर
364. (ब) बंगाल
365. (अ) तुर्की
366. (ब) मामल्लपुरम के धर्मराज रथ में
367. (अ) नुसरत शाह
368. (ब) मराठी
369. (स) इबादतखाना
370. (ब) प्रेम
371. (द) कबीरदास
372. (स) दिल्ली
373. (अ) बीरबल
374. (अ) रामानंद
375. (स) गुरु अर्जनदेव
376. (द) कबीरदास
377. (अ) हरविजय सूरी
378. (स) अब्दुर्रहीम खानखाना
379. (ब) अकबर
380. (ब) रामानुज
381. (अ) वल्लभाचार्य
382. (स) फैजी
383. (अ) गुजरात
384. (अ) मेड़ता (राजस्थान)
385. (स) जहाँगीर
386. (अ) सगुण
387. (द) दिल्ली
388. (ब) ग्यारहवीं सदी
389. (ब) बाबा फरीद
390. (अ) रामानंद
391. (ब) मेगस्थनीज
392. (ब) चिश्ती
393. (स) दौलत खाँ लोदी
394. (अ) कन्नौज
395. (ब) रामतनु पांडेय
396. (द) अंबर का राजा मानसिंह
397. (स) समूगढ़
398. (अ) अबुल फजल
399. (द) गुजरात
400. (स) उसका पुत्र सलीम
401. (अ) गुरु तेग बहादुर
402. (स) शाहजहाँ
403. (द) शाहजहाँ
404. (अ) जहाँगीर
405. (ब) शाहजहाँ
406. (अ) असीरगढ़
407. (द) अथर्ववेद
408. (द) पंद्रह
409. (स) जहाँगीर
410. (अ) राजा बिहारीमल
411. (अ) अंडमान-निकोबार
412. (ब) औरंगजेब
413. (अ) शाहजहाँ
414. (अ) मुस्तैद खाँ
415. (अ) सन् 1672
416. (ब) दारा शिकोह
417. (अ) शाहजहाँ
418. (द) शाहजहाँ
419. (स) गोकल
420. (स) चाँदी
421. (द) औरंगजेब
422. (अ) सन् 1679
423. (स) तर्दी बेग
424. (ब) 31 जुलाई, 1658
425. (ब) मीर बख्शी

426. (अ) औरंगजेब
427. (ब) मीर जुमला
428. (स) फ्रांसिस्को पेल्सेर्ट
429. (ब) अकबर
430. (स) औरंगजेब
431. (अ) राजा बिहारीमल
432. (अ) औरंगजेब
433. (स) उदयपुर
434. (ब) 7,000
435. (स) उस्ताद ईशा
436. (स) अहमदनगर
437. (स) मजलिस-ए-खलबत
438. (स) बरीद-ए-मुमालिक
439. (ब) पैदल सेना
440. (स) उश्र
441. (ब) मुक्तई
442. (स) सेना का प्रधान
443. (अ) दीवाने-रसातल
444. (ब) दीवाने-कोही
445. (द) नाइव
446. (अ) दीवान-ए-वंदगान
447. (द) राजस्व का लेखा-जोखा रखना
448. (स) शिकदार
449. (ब) 33 प्रतिशत
450. (द) मसाहत
451. (स) जजिया
452. (ब) मुन्हीयान
453. (अ) 40 वाँ हिस्सा
454. (ब) अनंगपाल द्वितीय
455. (स) फतेहपुर सीकरी
456. (अ) इल्तुतमिश
457. (स) बुलंद दरवाजा
458. (ब) फिरोजशाह तुगलक
459. (अ) खजुराहो
460. (ब) आगरा
461. (द) देवगढ़
462. (अ) अली आदिलशाह
463. (ब) सवाई राजा जयसिंह
464. (स) 950 ई.
465. (ब) विजय स्तंभ
466. (अ) राजा अजयपाल
467. (ब) 1724 ई.
468. (स) राजा सूरजमल
469. (ब) नासिरुद्दीन महमूद
470. (द) सिकंदर लोदी
471. (ब) गयासुद्दीन तुगलक
472. (स) बीकानेर
473. (अ) जीजाबाई
474. (स) समर्थ रामदास
475. (स) सन् 1670
476. (अ) काठी
477. (ब) सचिव
478. (स) पटेल और पाटिल
479. (द) सतारा
480. (अ) कोलाबा
481. (अ) सन् 1646
482. (स) बालाजी बाजीराव
483. (द) चिटपवाँ ब्राह्मण
484. (स) सन् 1739
485. (द) उड़ीसा
486. (स) बालाजी द्वितीय
487. (अ) निजाम-उल-मुल्क
488. (अ) माधवराव प्रथम

489. (स) रघुनाथराव
490. (स) बाजीराव द्वितीय
491. (अ) बालाजी विश्वनाथ
492. (अ) मुख्य लेखाकार
493. (ब) रघुनाथराव
494. (स) जाट
495. (स) शाइस्ता खाँ
496. (अ) सदाशिवराव भाऊ
497. (ब) बालाजी बाजीराव
498. (स) इब्राहीम खाँ गार्दी
499. (स) होल्कर
500. (ब) अँगरिया
501. (ब) मल्हारराव होल्कर
502. (स) राजा जयसिंह
503. (अ) होल्कर-सिंधिया
504. (द) काशीराज पंडित
505. (अ) बाजीराव प्रथम
506. (अ) सदाशिवराव भाऊ
507. (द) 1/4
508. (द) पेशवा
509. (अ) शिवाजी प्रथम
510. (ब) बाजीराव प्रथम
511. (अ) सूरत
512. (द) बेनास्ट ड्यूमस
513. (स) मिर्जा राजा जयसिंह
514. (ब) फर्रुखशियर
515. (स) महादजी सिंधिया
516. (स) बालाजी विश्वनाथ
517. (द) बहादुरशाह
518. (अ) 16 जून, 1756
519. (स) सन् 1757
520. (अ) मीर कासिम
521. (ब) सन् 1765
522. (स) सन् 1759
523. (ब) मद्रास
524. (अ) सन् 1712
525. (स) सन् 1717
526. (ब) सादत खाँ बरहाम-उल-मुल्क
527. (स) सन् 1782
528. (ब) 23 जून, 1757
529. (ब) कालीकट
530. (अ) हैदर अली
531. (ब) सन् 1761
532. (स) त्रावणकोर
533. (द) मीर जाफर
534. (अ) टीपू सुलतान
535. (स) अलीवर्दी खाँ
536. (ब) 27 दिसंबर, 1760
537. (स) सन् 1759
538. (द) सन् 1766-96
539. (अ) सूरजमल
540. (स) बक्सर का युद्ध
541. (अ) मुहम्मदशाह
542. (अ) सिराजुद्दौला
543. (अ) बरेली में ओलन
544. (स) अजलफ
545. (द) सन् 1769
546. (स) दोस्त अली
547. (अ) 17 मार्च, 1784
548. (द) चूड़ामन
549. (स) महादजी सिंधिया
550. (ब) फर्रुखशियर
551. (स) निजाम-उल-मुल्क

552. (ब) अवध
553. (अ) इलाहाबाद
554. (स) गुरु गोविंद सिंह
555. (स) बक्सर
556. (द) सन् 1803
557. (द) सूरत
558. (अ) रॉबर्ट क्लाइव
559. (स) पुर्तगाल
560. (अ) चंद्रगिरि का शासक
561. (द) थॉमस स्टीवेंस
562. (अ) विलियम वेंटिक
563. (अ) अंग्रेज
564. (ब) हैक्टर मुनरो
565. (अ) वॉरेन हेस्टिंग्स
566. (स) सन् 1843
567. (ब) लाहौर
568. (द) लॉर्ड वेलेजली
569. (ब) वॉरेन हेस्टिंग्स
570. (स) बरार
571. (अ) सर चार्ल्स नेपियर
572. (स) सहायक संधि
573. (ब) सन् 1839
574. (द) कलकत्ता
575. (स) अवध
576. (द) सन् 1760
577. (अ) पंजाब
578. (द) कलकत्ता
579. (द) दस वर्ष
580. (द) चिलियाँवाला
581. (स) पिट्स इंडिया अधिनियम 1784
582. (स) लॉर्ड विलियम वेंटिक
583. (अ) सन् 1772
584. (द) रीड और मुनरो
585. (अ) वॉरेन हेस्टिंग्स
586. (अ) कॉर्नवालिस
587. (अ) लॉर्ड डलहौजी
588. (द) सन् 1757
589. (द) सन् 1850 के दशक में
590. (ब) रिसरा
591. (द) उपर्युक्त सभी
592. (स) सन् 1813
593. (स) लॉर्ड वेलेजली
594. (द) उपर्युक्त सभी
595. (अ) सन् 1881
596. (स) बंबई से थाणे तक; सन् 1853
597. (ब) हॉलैंड
598. (ब) रोहिल्लों के खिलाफ युद्ध
599. (स) मेरठ
600. (द) वह पंजाब में नहीं फैली
601. (अ) तात्या टोपे
602. (अ) 10 मई
603. (स) नाना फड़नवीस
604. (अ) केनिंग
605. (स) बेगम हजरत महल
606. (अ) वर्नाक्युलर प्रेस अधिनियम
607. (द) लॉर्ड डलहौजी
608. (द) लॉर्ड डलहौजी
609. (ब) बैरकपुर
610. (द) उपर्युक्त सभी
611. (अ) खासी
612. (ब) पटना
613. (ब) सन् 1870

614. (द) उपर्युक्त सभी
615. (स) सिखों द्वारा अंग्रेजी राज्य को पंजाब से उखाड़ फेंकने के लिए आंदोलन
616. (द) सन् 1854
617. (ब) शिक्षित मध्यम वर्ग
618. (स) गुजरात
619. (द) नाना फड़नवीस
620. (द) लॉर्ड वेलेजली
621. (द) सन् 1911
622. (अ) प्रांतीय स्वायत्तता
623. (स) पिट्स इंडिया एक्ट
624. (ब) लॉर्ड डलहौजी
625. (स) पिट्स इंडिया एक्ट, 1784
626. (ब) कलकत्ता
627. (ब) गाय की चर्बी चढ़े कारतूस
628. (ब) अलीवर्दी खाँ
629. (स) विलियम वेंटिक
630. (स) लॉर्ड रिपन
631. (स) कमल का फूल और रोटी
632. (द) बहादुरशाह जफर
633. (ब) सन् 1858
634. (ब) न्यूयॉर्क
635. (स) सन् 1875
636. (अ) सन् 1897
637. (ब) स्वामी दयानंद
638. (अ) सन् 1875
639. (द) राजा राममोहन राय
640. (स) देवेंद्रनाथ टैगोर
641. (ब) फारसी
642. (स) मिर्जा गुलाम अहमद
643. (ब) एन.एम. जोशी
644. (अ) डॉ. अंबेडकर
645. (ब) ज्योतिबा फुले
646. (द) शिकागो
647. (स) डेविड हेयर
648. (स) आत्मीय सभा
649. (द) सन् 1856
650. (द) विलियम जोंस
651. (स) समाचार दर्पण
652. (अ) 28 सितंबर, 1875
653. (अ) ज्योतिबा फुले
654. (अ) हेस्टिंग्स
655. (अ) 16 मई, 1884
656. (द) देवेंद्रनाथ टैगोर
657. (ब) सन् 1921
658. (स) ब्रिस्टल
659. (अ) 2 अप्रैल, 1870
660. (स) महादेव गोविंद रानाडे
661. (द) आत्माराम पांडुरंग
662. (स) केशवचंद्र सेन
663. (ब) विधवा-पुनर्विवाह
664. (स) अकबर द्वितीय
665. (द) विष्णु शास्त्री पंडित
666. (द) ज्योतिबा फुले
667. (स) प्रार्थना समाज
668. (द) उपर्युक्त सभी
669. (द) जी.एच. देशमुख
670. (अ) डेविड हेयर
671. (स) ज्योतिबा फुले
672. (द) करसनदास मल्ली
673. (ब) स्वामी दयानंद सरस्वती
674. (अ) ई.वी. रामास्वामी नायकर
675. (द) ईश्वरचंद्र विद्यासागर

676. (अ) सन् 1852
677. (स) चंद्र मेनन
678. (अ) जनवरी 1864
679. (अ) ब्रह्म समाज
680. (अ) बंकिमचंद्र चटर्जी
681. (ब) 1873
682. (ब) लॉर्ड रिपन
683. (अ) महात्मा गांधी
684. (ब) एनी बेसेंट
685. (स) थियोसॉफिकल सोसाइटी
686. (अ) बाल गंगाधर तिलक
687. (स) स्वदेशी आंदोलन
688. (स) महाराष्ट्र
689. (अ) सन् 1905
690. (द) लॉर्ड हार्डिंग
691. (द) पूना में हैजा फैल जाने के कारण
692. (ब) सन् 1906
693. (ब) इकबाल
694. (ब) आचार्य विनोबा भावे
695. (द) मौलाना अबुल कलाम आजाद
696. (स) तुर्की की सत्ता पर कमालपाशा का कब्जा होना
697. (द) संयुक्त राज्य
698. (अ) सन् 1915
699. (ब) सन् 1919
700. (ब) लॉर्ड हंटर
701. (स) चौरी-चौरा
702. (स) कुँवर सिंह
703. (ब) गोपाल कृष्ण गोखले
704. (अ) हेनरी विवियन डेराजियो
705. (स) जलियाँवाला बाग
706. (स) सन् 1928
707. (स) मदाम भीकाजी कामा
708. (द) सन् 1909
709. (ब) सन् 1885
710. (अ) अप्रैल 6, 1919
711. (स) डॉ. भीमराव अंबेडकर
712. (द) सुरेंद्रनाथ बनर्जी
713. (स) महात्मा गांधी
714. (ब) सन् 1938
715. (स) सत्य पर अडिग रहना
716. (ब) कानपुर
717. (द) बाल गंगाधर तिलक
718. (ब) प्रफुल्ल चाकी, खुदीराम बोस
719. (द) सुभाषचंद्र बोस
720. (ब) काबुल
721. (स) राजगुरु और सुखदेव
722. (द) सन् 1920
723. (स) 12 मार्च, 1930
724. (द) साबरमती, दांडी
725. (अ) मार्च 1941
726. (स) ए.ओ. ह्यूम
727. (अ) सिंगापुर
728. (द) लॉर्ड डलहौजी
729. (अ) सन् 1934
730. (ब) सात
731. (द) सन् 1930-31
732. (ब) सन् 1942
733. (अ) मैक्डोनल्ड अवार्ड में
734. (द) सन् 1932
735. (अ) सरला बहन

736. (ब) कलकत्ता
737. (स) प्रफुल्ल कुमार चाकी
738. (अ) सन् 1945
739. (स) सन् 1946
740. (द) लॉर्ड रिपन
741. (द) यतींद्रनाथ दास
742. (स) सन् 1919
743. (द) खान अब्दुल गफ्फार खाँ
744. (ब) 562
745. (द) सरोजिनी नायडू
746. (अ) सन् 1916
747. (अ) मोहम्मद इकबाल
748. (ब) डॉ. राजेंद्र प्रसाद
749. (स) केरल
750. (स) लाहौर
751. (स) भारत छोड़ो आंदोलन
752. (अ) सन् 1905
753. (ब) कादंबिनी गांगुली
754. (द) गोपाल कृष्ण गोखले
755. (स) कांग्रेस मंत्रिमंडलों द्वारा 1939 में त्यागपत्र देने पर
756. (स) सक्रिय सहायता दी
757. (स) श्यामजी कृष्ण वर्मा
758. (अ) लॉर्ड चेम्सफोर्ड
759. (ब) गांधीजी
760. (स) सन् 1942
761. (द) सन् 1906 से 1918 तक
762. (स) लॉर्ड लिनलिथगो
763. (अ) गुवाहाटी
764. (ब) रासबिहारी बोस
765. (अ) आनंद मठ
766. (ब) 22 जून, 1897
767. (द) सरदार वल्लभभाई पटेल
768. (स) पं. जवाहरलाल नेहरू
769. (ब) मांडले
770. (ब) सुभाषचंद्र बोस
771. (द) सन् 1886
772. (स) एनी बेसेंट
773. (ब) मुसलिम लीग
774. (स) रासबिहारी बोस
775. (ब) 30 अप्रैल, 1908
776. (ब) लाला लाजपत राय
777. (अ) अरुणा आसफ अली
778. (अ) वीर सावरकर
779. (ब) सन् 1215
780. (ब) सन् 1922
781. (अ) कला और वास्तुशिल्प
782. (स) कार्ल मार्क्स
783. (ब) इटली
784. (स) जैफरसन
785. (ब) 1933
786. (द) इंग्लैंड
787. (ब) लेनिन
788. (ब) अमेरिका
789. (स) जूटलैंड की लड़ाई
790. (ब) सेंट हेलेना द्वीप
791. (ब) द्वितीय विश्व युद्ध
792. (स) अमेरिका
793. (द) दांते
794. (अ) नेपोलियन बोनापार्ट
795. (ब) जॉर्ज वाशिंगटन
796. (अ) रूसी क्रांति
797. (स) हिरोशिमा
798. (द) लिटिल ब्वॉय

799. (ब) लियोनार्डो-द-विंसी
800. (अ) कैपलर
801. (स) नागासाकी
802. (ब) कार्ल मार्क्स
803. (अ) इराक द्वारा कुवैत पर कब्जा
804. (ब) ब्रिटेन और फ्रांस
805. (स) प्लेटो
806. (ब) सन् 1815
807. (अ) सन् 1939
808. (द) उपर्युक्त सभी
809. (अ) रूस की पराजय
810. (स) सन् 1971
811. (स) सन् 1773
812. (ब) मैगेलन
813. (द) जर्मन
814. (द) अमेरिका
815. (अ) पेरिस की संधि
816. (स) अर्थशास्त्री
817. (ब) 1863
818. (स) ब्रिटेन
819. (स) 1914-1918
820. (ब) वास्को-डि-गामा
821. (स) सन् 1982
822. (ब) 15 अगस्त
823. (द) 20 दिसंबर, 1999
824. (द) 24 अक्तूबर, 1945
825. (स) 1920
826. (अ) असम
827. (स) तमिल
828. (स) मनु
829. (द) 622 ई.
830. (द) समुद्रगुप्त
831. (द) पुरंदर दास
832. (ब) 273 ई.पू.-232 ई.पू.
833. (ब) सौराष्ट्र
834. (अ) सिंध
835. (स) उपर्युक्त सभी
836. (द) पाटलिपुत्र
837. (स) अकबर
838. (स) गौड़
839. (द) अमीर खुसरो
840. (स) कम लागत में बड़ी सेना रखना
841. (स) तेलुगू भाषा के आठ महान् विद्वानों का समूह
842. (ब) महापद्मानंद
843. (स) चालुक्य
844. (ब) अकबर
845. (अ) बिहार और पूर्वी उत्तर प्रदेश
846. (अ) अलाउद्दीन खिलजी
847. (स) मगध
848. (द) रायचूर का दोआब
849. (स) आठ मंत्रियों की एक परिषद्, जो मराठा राज्य के सलाहकार के रूप में कार्य करती थी
850. (अ) सबसे बड़ा बौद्ध स्तूप
851. (ब) ईश्वर में आस्था
852. (स) कुषाण
853. (अ) औरंगजेब
854. (स) शक
855. (ब) लोथल

856. (स) संपत्ति लूटना
857. (ब) 1539
858. (स) जूनागढ़ अभिलेख
859. (स) वसुमित्र
860. (ब) विद्रोहियों की हत्या कर उनकी स्त्री और बच्चों को दास बना लिया जाता था
861. (अ) कनिष्क
862. (द) देवगिरि
863. (द) गाय
864. (ब) मुहम्मद-बिन-तुगलक
865. (ब) रुद्र (पशुपति शिव)
866. (द) ऋग्वेद
867. (द) उपर्युक्त सभी
868. (द) 322 ई.पू.
869. (अ) बुर्जहोम
870. (ब) चन्हू-दड़ो
871. (द) मोहनजो-दड़ो
872. (अ) शत्रुंजय
873. (ब) भौगोलिक क्षेत्र
874. (अ) दक्षिणापथ
875. (स) बलबन
876. (अ) सालेमपुर
877. (स) कुषाण
878. (अ) जासूस
879. (ब) 335-445 ई.
880. (अ) समुद्रगुप्त
881. (द) पवाया
882. (अ) आगरा
883. (ब) गौड़ वंश का शशांक
884. (ब) नाडिया
885. (ब) ताबरहिंद
886. (अ) बरनी
887. (स) सन् 1010
888. (अ) खरोष्ठी
889. (ब) राय किरण
890. (अ) अलाउद्दीन हुसैन
891. (ब) इसलाम शाह
892. (स) महमूद खिलजी
893. (अ) मालदीव
894. (ब) उदयराज
895. (ब) राणा कुंभा
896. (अ) फर्रुखाबाद जिला (उत्तर प्रदेश)
897. (द) सन् 645
898. (अ) शिलादित्य
899. (ब) पल्लव
900. (स) शिवाजी द्वितीय
901. (ब) नचणा
902. (स) चंद्रगोमिया
903. (स) दीन-पनाह
904. (द) उपर्युक्त सभी
905. (ब) 1510 ई.
906. (स) नागापट्टम
907. (अ) शिवाजी
908. (स) सन् 1502
909. (द) प्रताप रुद्र
910. (ब) 1760
911. (द) महाकौशल
912. (ब) मराठा
913. (ब) चंद्रगुप्त मौर्य
914. (स) सन् 1651
915. (अ) पोर्टो नोवो
916. (अ) रघुनाथराव

917. (ब) सन् 1793
918. (स) सन् 1833
919. (स) चार
920. (स) मौलाना अबुल कलाम आजाद
921. (ब) मैकाले
922. (स) चार
923. (स) 1328 ई.
924. (ब) विजयनगर
925. (द) लॉर्ड हार्डिंग
926. (ब) सन् 1857
927. (अ) सन् 1862
928. (ब) राजा राममोहन राय
929. (स) सन् 1843
930. (अ) प्रार्थना सभा
931. (ब) ब्राह्मणेतर वर्ग
932. (ब) सन् 1927
933. (स) तीन
934. (स) शेरशाह सूरी
935. (ब) 72
936. (अ) नालंदा
937. (स) सन् 1904
938. (अ) फ्रांस व इंग्लैंड
939. (स) भारतीयों पर प्रदर्शन करने की पाबंदी थी
940. (स) भारत को आजादी दी जाएगी
941. (ब) सन् 1912
942. (स) सन् 1914
943. (अ) एस. सुब्रह्मण्यम अय्यर
944. (अ) अप्रैल 1915
945. (स) गुरु हरगोविंद सिंह
946. (ब) हैदराबाद
947. (ब) सन् 1917
948. (अ) हसन इमाम
949. (द) सन् 1858
950. (स) सन् 1813
951. (ब) तीन
952. (द) अलीगढ़
953. (ब) सन् 1936
954. (स) सन् 1940
955. (द) 8 अगस्त, 1942
956. (ब) वॉरेन हेस्टिंग्स
957. (ब) 1776
958. (स) सारनाथ
959. (अ) 1909
960. (स) शिलालेख
961. (द) क्लीमेंट एटली
962. (ब) एलीफेंटा
963. (ब) स्थापत्य कला
964. (द) मौर्य
965. (ब) 776 ई. पू.
966. (द) पल्लव
967. (ब) कनिष्क
968. (द) अलाउद्दीन खिलजी
969. (अ) सन् 1739
970. (ब) मुहम्मदशाह
971. (स) व्यापारिक कारणों से
972. (स) राजनीति से
973. (द) जहाँगीर
974. (स) खानवा
975. (ब) सन् 1025
976. (अ) सन् 712
977. (द) प्राचीन यूनानी भूगोलवेत्ता

978. (अ) पृथ्वीराज चौहान
979. (द) मसाले
980. (ब) सन् 1688
981. (स) वॉरेन हेस्टिंग्स
982. (द) कलकत्ता
983. (स) बाणभट्ट
984. (ब) नरसिंह देव वर्मन द्वितीय
985. (द) कुतुबुद्दीन ऐबक
986. (ब) लाल बहादुर शास्त्री
987. (स) 1576
988. (स) शाहशुजा से
989. (ब) आगरा
990. (स) फैजी
991. (अ) इल्तुतमिश
992. (स) लॉर्ड डफरिन
993. (अ) सरदार वल्लभभाई पटेल
994. (अ) मराठा
995. (अ) करो या मरो
996. (ब) द्वितीय
997. (अ) जुलाई 1909
998. (अ) पूर्ण स्वतंत्रता
999. (स) आठ
1000. (स) दादाभाई नौरोजी

□□□